RÉPONSE

DU CLUB

DES AMIS DE LA CONSTITUTION

DE NISMES,

Aux faits allégués par MM. Duroure, Razoux, Ferrand de Missol, Pontier, Fornier, Grelleau, Officiers municipaux de la ville de Nîmes, et Boyer, Substitut du Procureur de la Commune, dans l'Adresse qu'ils ont présentée à l'Assemblée nationale.

Nous avons contracté envers l'Assemblée nationale l'engagement solemnel de répondre, par des faits légalement constatés, aux allégations hasardées dans l'adresse que les officiers municipaux de Nîmes lui ont présentée. Pour réfuter cet écrit avec plus de force & de précision, nous en transcrirons successivement les divers paragraphes; la vérité doit être simple & calme: seule elle nous servira de défense.

Nous observerons qu'il a paru deux éditions différentes de cette adresse.

La première, imprimée à Paris, chez Valeyre, rue Vieille-Bouclerie, sous le nom de sept officiers municipaux, est celle que nous suivrons littéralement. La seconde, sous le titre d'adresse faite au nom des officiers municipaux de la commune de Nîmes, portant le nom du même imprimeur, présente des différences essentielles que nous ferons successivement connoître. Cette dernière édition a été distribuée à Nîmes par le sieur Fernel, libraire, l'un des commissaires de la délibération des pénitens, mandé comme tel à la barre de l'Assemblée nationale. Dans la première, M. Boyer n'a parlé qu'au nom de ceux dont il tenoit des pouvoirs: dans la seconde, destinée à être répandue dans ces contrées, on a voulu persuader que cette adresse étoit l'ouvrage de tous les officiers municipaux (1).

---

(1) Le club a fait donner un acte aux officiers municipaux qui n'ont pas signé les pouvoirs de M. Boyer, pour les sommer de déclarer s'ils approuvoient l'ouvrage dans les deux éditions. Voyez l'acte sous n°. 1 des pièces justificatives. Les officiers municipaux n'ont rien répondu à cet acte, mais ils ont pris une délibération où ils dénoncent à l'Assemblée nationale celui qui a agi au nom du club, & où ils adhèrent à l'adresse de M. Boyer.

Adresse à l'Assemblée nationale, faite au nom de MM. Duroure, Razoux, Ferrand, de Missol, Pontier, Fornier, Grelleau, officiers municipaux, & Boyer, substitut du procureur de la commune de Nîmes.

LES soussignés officiers municipaux de Nîmes, douloureusement affectés des malheurs qui ont affligé leur patrie, & des bruits calomnieux qu'on a répandus sur leur compte, supplient l'Assemblée nationale de vouloir bien écouter leurs justes réclamations.

Toujours religieux observateurs de leurs sermens, toujours inviolablement attachés à la constitution, avec quelle inquiétude n'ont-ils pas dû voir qu'on cherchoit à les rendre odieux à la France entière ! Cependant leur conduite patriotique sembloit les mettre à l'abri de toute imputation injurieuse; mais que ne peuvent

Réponse.

DANS l'édition distribuée à Nîmes, on a supprimé le mot *soussignés*. Si nous prouvons qu'ils auroient pu prévenir les malheurs dont ils se disent affectés, croira-t-on que leur douleur soit sincère, & que leurs réclamations soient justes ?

Cette dernière phrase exige que nous rappelions comment la municipalité a été élue & composée.

Adresse.	*Réponse.*
pas l'intrigue, la vengeance & l'ambition déçue !	

Dès le 8 décembre 1789, il y eut une assemblée nocturne dans l'église des Pénitens blancs. Un prêtre, vicaire-général de M. l'évêque de Nîmes, y proposa & fit accepter les personnes qu'il désigna pour être présidens, secrétaires, scrutateurs dans les différentes assemblées primaires. Ce fait est prouvé par les dépositions de deux témoins, dont l'un est M. de Rochemore, grand-archidiacre. Le même mois il y eut une autre assemblée nocturne chez un ecclésiastique ; elle étoit composée entre autres personnes, de MM. Vidal (depuis procureur de la commune), Froment, Folacher, Vigne, Michel (depuis commissaires de la délibération des pénitens), l'abbé Lapierre, Cambacerés, Durand (depuis notables) : on s'y fixa sur les moyens à prendre pour composer la municipalité, & en exclure les non-catholiques.

Le moment des élections arrivé, les listes furent fabriquées chez M. l'abbé Lapierre, l'abbé Cabanel, & Michel, conseiller au présidial. Ces listes furent distribuées avec profusion. Plusieurs témoins déposent qu'on donna de l'argent à ceux qui devoient en faire usage ; que les curés de Rodilhan, de Courbessac & de Bouillargues, villages de la banlieue de Nîmes, excitèrent avec ardeur leurs paroissiens à faire usage de ces listes (1), & l'on sait que les noms qu'elles portoient sont ceux des personnes qui composent aujourd'hui toute la municipalité (2).

(1) Voyez une lettre écrite par M. Madon, curé de Bouillargues, sous le n°. 2 des pièces justificatives. Elle se trouve encore dans l'extrait imprimé de l'Information.

(2) Le nom de M. Vincent Valz, officier municipal, fait seul exception.

Réponse.

Il faut convenir, pour l'honneur de la vérité, que tous les amis de la constitution, effrayés des conséquences que pouvoient avoir ces manœuvres, essayèrent vainement d'en empêcher l'effet par leur réunion; mais il seroit aisé de prouver, par le résultat du recensement général fait à l'hôtel-de-ville, que les personnes qui avoient fixé leur choix méritoient l'approbation publique, & que, sans s'arrêter à la différence des opinions religieuses, ils se proposoient d'élire indistinctement ceux de leurs concitoyens les plus fidèlement attachés à la constitution.

Les officiers municipaux ont seuls employé l'intrigue. La résistance, nécessaire aux abus de leur autorité, a excité leur vengeance; & quand ils parlent *d'ambition déçue*, sous quels rapports voient-ils des fonctions qui doivent assurer la paix & le bonheur des citoyens, s'ils y attachent une idée de vanité & de pouvoir?

Adresse.

Vainement ils ont fait observer, avec une scrupuleuse exactitude, & dès l'instant qu'ils ont paru, tous les décrets de l'Assemblée nationale.

Réponse.

L'édition distribuée à Nîmes porte : *Et dès l'instant qu'ils l'ont pu*, au lieu de : *Dès l'instant qu'ils ont paru*. Cette première phrase, qui pouvoit être dite à Paris, n'eût pas été soutenable dans les lieux où la conduite de la municipalité est connue. Voici quelques exemples de la manière dont elle a exécuté les décrets.

A-t-elle exécuté toutes les parties des décrets relatifs

Adresse.	*Réponse.*
	à la contribution patriotique ?
	A-t-elle ouvert les regiſtres pour l'inſcription civique des jeunes gens de vingt-un ans ?
	A-t-elle veillé avec ſoin à la conſervation des forêts ?
	A-t-elle fait avec exactitude l'inventaire des maiſons religieuſes, &c. ?
Vainement ils ont offert une forte contribution patriotique,	On lit, dans l'édition diſtribuée à Nîmes, *leur contribution*, au lieu *d'une forte contribution ?*
	On verra en effet, par la lecture de la pièce juſtificative, ſous nº. 3, qu'il étoit convenable de retrancher le mot *forte.* Cette pièce eſt un extrait en forme, où l'on a rapproché le montant de la contribution patriotique de chaque membre de la municipalité, de celui de ſes impoſitions, avec la date de ſa ſoumiſſion à la contribution patriotique. Pluſieurs de ces ſoumiſſions ſont au-deſſous du montant des impoſitions que paient ceux qui les ont faites.

Adresse.

Ils ont fait une soumission de trois millions (1) pour l'acquisition des biens nationaux. Vainement ils ont voulu favoriser, par un nouvel établissement (2), la circulation des assignats.

(1) *Vid.* l'extrait de la délibération prise le 22 mai 1790.

(2) *Vid.* l'extrait de la délibération prise le 24 mai suivant.

Réponse.

La municipalité prit en effet une délibération le 22 mai, sur le premier de ces objets, et le 24 mai sur le second ; mais qui ne sait comment fut reçue, à l'Assemblée nationale, la délibération pour l'acquisition des biens nationaux ? Elle fut prise le 22 mai, c'est-à-dire, peu après les troubles qui avoient affligé Nîmes ; après le décret du 11 mai, qui mandoit le maire à la barre de l'Assemblée nationale, plus d'un mois après le décret rendu sur les assignats ; enfin, après que la plupart des municipalités du royaume avoient déja fait connoître leur vœu à cet égard ; aussi cette démarche tardive & imprévue excita-t-elle le dédain de l'Assemblée nationale. D'ailleurs la municipalité a bien fait l'offre vague d'acquérir pour trois millions de domaines nationaux, mais elle n'y a donné aucune suite ; elle n'a point fait de soumission précise avec désignation de

Adresse.

Vainement ils ſont parvenus à exécuter ſans aucun trouble, malgré les efforts de quelques malveillans, l'inventaire des maiſons religieuſes, en grand nombre à Nîmes.

Réponſe.

tels ou tels biens; elle n'a fait aucune démarche pour l'exécution de ſon offre, de manière qu'il eſt impoſſible de lui vendre le moindre domaine : elle a voulu paroître au nombre des municipalités patriotes, qui offroient d'acquérir des biens nationaux, mais elle n'a point voulu en acheter.

Quant à l'établiſſement d'une caiſſe pour la circulation des aſſignats, il avoit été ſi peu combiné pour le bien public, que le comité des finances le jugea inuſité & inexécutable.

L'inventaire des maiſons religieuſes fut commencé le 5 mai, au moment où les troubles des 2 & 3 étoient à peine appaiſés. On voit aſſez l'inconvenance de cette opération dans un pareil moment. Mais quels étoient donc ces malveillans, qui s'oppoſoient à l'inventaire des égliſes ? Ce ne peut pas être les malveillans prétendus que la municipalité cherche à inculper dans ſon écrit. N'y reconnoît-on pas

Adresse.

Réponse.

plutôt ceux dont nous nous plaignons nous-mêmes ? & ne voit-on pas dans leur conduite, à cette époque, la même marche qu'ont tenu, dans plusieurs villes, les ennemis de la constitution, animés d'un zèle fanatique ? D'ailleurs ces inventaires ont été faits si légèrement par la municipalité, que le directoire du district de Nîmes est obligé de les refaire aujourd'hui, & le produit en est bien différent (1).

Rien n'a pu fermer la bouche à leurs détracteurs, qui, bravant jusqu'à la honte que doit faire naître un démenti fondé sur des faits & des pièces authentiques, n'ont pas craint de publier que des sentimens anti-patriotiques animoient la municipalité de Nîmes, tandis qu'elle donnoit les plus fortes preuves du patriotisme le plus pur.

Il nous est permis sans doute, d'après les faits que nous avons avancés, de dire à la municipalité, en nous servant de ses propres phrases, que, *bravant la honte que doit faire naître un démenti fondé sur des faits & sur des pièces authentiques*, c'est elle *qui ne rougit pas* qu'on lui prouve qu'elle n'a jamais été *animée d'aucun sentiment patriotique*.

(a) La bibliothèque des capucins contient 3,000 vulumes; ils n'avoient noté que 2,000, sans désignation des ouvrages. Aux bénédictins, dont la maison étoit un hospice, ils n'avoient noté aucun meuble, & ils avoient omis un ostensoire d'un haut prix & d'un travail précieux. Jugez du reste.

Adresse,

A peine cette municipalité fut-elle installée, qu'on vit s'établir une société dont les chefs, irrités de n'avoir pu parvenir, malgré leurs intrigues, publioient de tout côté que le but de leur institution étoit non-seulement de surveiller, mais encore de contrarier les opérations des représentans de la commune.

Réponse.

Le club de Nîmes se forma dans le même temps que de pareilles sociétés s'établirent dans les principales villes du royaume. Celle de Montpellier venoit de lui en donner l'exemple. Tous les bons citoyens savoient trop bien à quoi la loi les obligeoit envers des magistrats élus par le peuple, pour vouloir les contrarier s'ils ne s'écartoient pas des décrets, & le but de l'institution du club est consigné dans ses réglemens, qui furent alors imprimés. On trouvera, sous le n°. 4 des pièces justificatives, une partie du préambule de ces réglemens que tous les membres du club ont signé.

La municipalité fait un reproche à la société patriotique, de s'être formée peu-après son installation. Faut-il lui rappeler les motifs qui déterminèrent les citoyens à se réunir? En voici quelques-uns.

Une partie de la compagnie de Froment avoit paru, le jour de l'installation de la municipalité, armée de fourches, malgré la défense expresse du colonel de la légion. Cette désobéissance causa dans la garde nationale une fermentation qui faillit à devenir dangereuse. M. du Cailar, lieutenant de roi de Nîmes, & colonel de la légion, fut insulté par cette compagnie & par le sieur Froment, lui-même; la municipalité ferma les yeux sur cette conduite répréhensible, & l'on ne sait ce qui seroit arrivé, si M. du Cailar eût insisté sur le desir qu'il avoit d'abord manifesté de donner sa démission.

C'est à cette époque que se rapportent divers attroupemens qui occasionnèrent les assassinats de Pourcher, de Ribes, d'Allien, & peu de jours après de Maury. Assassinats qui exigèrent la plus sévère attention du ministère public, qui en acquit les preuves; assassinats que la municipalité a toujours affecté d'ignorer, qu'elle a même osé nier à la France entière dans sa délibération du 22 Avril.

C'est à cette époque encore qu'il faut rapporter des placards scandaleux & fanatiques que la municipalité ne voulut point connoître, quoiqu'ils eussent indigné tous les bons citoyens; falloit-il attendre des motifs plus pressans pour se réunir?

Le club n'a fait que trois pétitions :

La première, sur le réglement provisoire de la municipalité, concernant la légion Nimoise;

La deuxième, pour exciter sa vigilance sur les commencemens effrayans des divisions, & pour dénoncer des libelles, & les cocardes blanches;

La troisième, pour dénoncer les cocardes noires & les fourches.

On trouvera ces trois pétitions sous les n°s 5, 6 & 7 des pièces justificatives; nous joindrons ici quelques observations.

Sur la première, le club n'obtint point de sursis; & bientôt cependant le décret de l'Assemblée nationale, du 30 Avril, prouva que sa demande étoit bien fondée.

Sur la seconde, la municipalité ne fit point de proclamation : mais le 4 mai, lorsque les troubles furent finis, elle fit afficher une proclamation sur la chasse, en date du 29 avril, qui répondoit indirectement aux demandes du club sur les cocardes blanches, quand il n'étoit plus tems.

7°

Réponse.

Le club avoit fait la troisième dans une bonne intention : il avoit craint de voir renouveler les troubles dont il venoit d'être témoin ; la municipalité s'empressa cette fois de répondre sur la partie des cocardes seulement, pour en avoir occasion d'inculper le club, comme elle a fait depuis : cette inculpation, dénuée de fondement, est d'ailleurs sans force, puisque le membre du club qui avoit fait cette démarche & cette dénonciation par un vif intérêt pour la paix publique, est M. Aubary, catholique. On trouvera, sous le n°. 8 des pièces justificatives, l'explication qu'il donne lui-même de ce fait (1).

Comment la municipalité se justifiera-t-elle du motif qui lui fit livrer promptement à l'impression cette troisième pétition avec les noms de tous ceux qui l'avoient signée ? Ne voit-on pas dans cette démarche l'intention d'indiquer à la multitude ignorante, ceux qu'elle lui présentoit dans ses délibérations comme ses ennemis ?

Adresse.

Ils tenoient en sentinelle, depuis le matin jusqu'au soir, deux commissaires dans le greffe de la maison commune, lesquels s'emparant des registres, ou pour les compulser, ou pour en faire des extraits, mettoient souvent les officiers municipaux dans le cas de les attendre.

Réponse.

Nous ne pouvons mieux répondre à cette allégation, que par l'acte authentique dans lequel le sieur Berdincq, greffier de la municipalité, la désavoue comme calomnieuse ; cet acte se trouve sous le n°. 9 des pièces justificatives.

---

(1) Un facteur de la poste a déclaré qu'étant allé chez le sieur Froment pour lui rendre une lettre, il avoit vu dans son sallon beaucoup de ces cocardes.

Adresse.

Ce n'est pas tout encore; on les décrioit, mais inutilement, auprès du peuple, dont on ne faisoit par là qu'accroître la confiance; on les calomnioit auprès des soldats, on suscitoit contre eux des cabales & des émeutes; & lorsque, dans celle du mois de mai, certains malveillans excitoient les soldats à verser le sang de leurs concitoyens, un autre crioit près de l'hôtel-de-ville : *C'est le moment de couper la tête de M. le baron de Marguerittes, maire* (1).

(1) *Vid.* pour la preuve de ce fait, les déclarations des témoins 17, 18, 19 & 20 de la suite du procès-verbal concernant les événemens du 2 mai & jours suivans.

Réponse.

Les citoyens qui savent user de leurs droits avec courage, n'oublient jamais ce qu'ils doivent aux magistrats dans leurs fonctions.

On ne peut trouver de prétendues preuves de pareils faits, que dans le procès-verbal, seul titre sur lequel les officiers municipaux se fondent pour ces allégations.

Ce procès-verbal est leur propre ouvrage; M. l'abbé de Belmont, l'un d'eux, qui prit la fuite dès le 13 juin au

Adresse. | *Réponse.*

soir, en est l'auteur. Les principaux témoins qui y jouent un rôle, sont, pour la plupart, des signataires de la délibération des pénitens, ou des volontaires servant dans les compagnies à houpes rouges, ou des personnes connues par des aventures peu honorables; enfin la municipalité croit si peu que son procès-verbal en audition de témoins puisse être légal, que c'est sur les faits qui y sont contenus, qu'elle a demandé ensuite au procureur du roi d'informer.

On nous cite, sans preuve, un propos infâme tenu, on ne sait par quel citoyen. Celui tenu par le maire chez M. le juge-mage de Nîmes, est attesté par des citoyens dignes de foi : MM. Pieyre, auteur de l'école des Pères, David, Mazel & l'abbé de Vallongue (1).

(1) Le soir du 4 mai, jour de la publication de la loi martiale, le maire étant chez le juge-mage, on lui témoignoit les craintes qu'on avoit eues pour lui. « Si j'avois reçu, dit-il, la moindre égratignure, » cent des plus riches & des plus notables auroient péri »; & sur l'observation qui lui fut faite, que dans une guerre générale il pouvoit périr mille citoyens, il répliqua : « Non, je vous dis cent des » plus riches. »

Adresse.	*Réponse.*
Ils répandoient en province, & sur tout à Paris, des libelles incendiaires contre la municipalité (1).	Quelques-uns des prétendus libelles cités en note dans l'écrit des officiers municipaux, ne sont point l'ouvrage du club. Il n'a fait paroître que l'ouvrage intitulé : *Vérités historiques sur les événemens arrivés à Nîmes le 13 juin & les jours suivans*. Cet ouvrage n'est point un libelle; on peut s'en convaincre en le lisant. Les officiers municipaux n'ont pas rougi de ranger sous cette dénomination l'écrit des événemens arrivés à Nîmes, RÉDIGÉ PAR L'ASSEMBLÉE ADMINISTRATIVE DU DÉPARTEMENT DU GARD: nous les renvoyons à l'adresse du directoire de ce département, présentée à l'Assemblée nationale le 25 Décembre; ils y verront leur imposture dénoncée. Cette adresse est sous le n°. 10 des pièces justificatives.
Ils disoient, ils publioient qu'ils ne seroient contens que quand elle seroit destituée, & ils employoient contre elle des intrigues, des machinations affreuses : ainsi on calomnioit sourde-	Ces allégations sont fausses. Des plaintes justes & hautement prononcées dans des mémoires imprimés, ne peuvent être appelées de *sourdes* calomnies.

(1) Telles sont différentes adresses du *club* des prétendus *amis de la constitution ; le nouveau complot découvert ; le précis historique sur les désordres arrivés à Nîmes ; la victoire remportée par les patriotes de la ville de Nîmes, sur les soi-disant catholiques ; le détail exact des assassinats & des cruautés commis par les soi-disant catholiques de la ville de Nîmes envers les amis de la constitution ; le récit des événemens arrivés à Nîmes les* 13, 14, 15, 16 & 17 *Juin* 1790 ; *les vérités historiques sur les événemens arrivés à Nîmes le* 13 *juin & les jours suivans, publiés par le club des prétendus amis de la constitution.*

Adresse.

ment dans une correſpondance avec les clubs du royaume.

Ainſi on faiſoit arracher la cocarde blanche à des gens qui n'en avoient jamais porté d'autres ; parce que cette cocarde avoit été dès le principe, en novembre 1788, le ſignal du patriotiſme & de la liberté (fait atteſté par ſoixante officiers de la légion) ; ainſi un membre du club inventoit & faiſoit fabriquer des cocardes noires, ſurmontées d'une croix blanche (1), pour avoir lieu d'accuſer les catholiques de vouloir renouveler les croiſades ; ainſi on déclamoit avec fureur contre un capitaine de la légion qui avoit donné quelques fourches aux ſoldats de ſa compagnie, dépourvus d'armes, tandis que, d'un autre côté, on en com-

Réponſe.

S'il exiſte des dépoſitions à l'appui de ces inculpations, elles ne peuvent ſe trouver encore que dans le procès-verbal de la municipalité que que nous avons déja cité, & dont elle s'eſt conſtamment refuſée à donner connoiſſance à ceux contre leſquels il eſt dirigé.

Cependant nous pouvons aſſurer qu'à l'époque du mois de juillet 1789, toutes les compagnies arborèrent la cocarde nationale, que quelques volontaires, pour leur commodité, en adoptèrent enſuite, ſans intention, de ruban noir, ou du bazin blanc ; mais les cocardes noires (*a*) ayant occaſionné une eſpèce d'émeute à Paris, les chefs de la légion Nimoiſe donnèrent des ordres pour qu'on n'eût à

(1) *Vid.* l'extrait du procès-verbal du 14 mai 1790, & la pétition du *club* des prétendus *amis de la conſtitution*, qui eſt imprimée à la ſuite.

(*a*) Et ſur-tout les blanches. (*Note des éditeurs.*)

mandoit

Adresse.	*Réponse.*
mandoit par centaines, de même que de longues cartouches de fer-blanc, au bout desquelles étoient soudées des balles meurtrières.	porter que des cocardes aux trois couleurs. Ces cocardes furent en effet généralement admises, jusqu'à la fin du mois d'avril 1790, où l'on vit des capitaines, bas-officiers & volontaires de certaines compagnies, quitter avec affectation la cocarde nationale, pour lui substituer une large cocarde de ruban blanc (1).

Note des éditeurs.

(1) La cocarde blanche étoit reconnue pour un signal de contre-révolution : elle avoit été proscrite à Paris par une insurrection générale, au mois d'octobre précédent, & ce signe étoit mis en réserve par les malveillans, pour annoncer l'opposition à la cocarde nationale : elle devoit être arborée à Castres dans le même temps qu'à Nîmes : elle devoit l'être à Montauban ; & personne n'a oublié qu'au commencement de mai il devoit y avoir une insurrection aristocratico-fanatique dans tout le Languedoc ; elle échoua à Toulouse, par la sagesse de la municipalité ; elle manqua à Castres ; elle eut un succès barbare, mais éphémère, à Montauban ; elle fut déconcertée à Alais & Uzès : elle ne réussit pas à Nîmes par la bravoure & le patriotisme du régiment de Guienne.

La municipalité, qui auroit dû proscrire la cocarde blanche, sur-tout quand elle lui étoit dénoncée, & qui ne le fit que quand le coup fut manqué, se justifie aujourd'hui comme elle peut. Mais on lui répond :

Que si dans les mouvemens patriotiques de novembre 1788, la cocarde blanche fut prise, elle ne fut pas mise au chapeau, mais à la boutonnière. Le lieutenant-de-roi l'avoit défendu, & personne ne la mit au chapeau ; c'est un fait connu dans le pays.

Que quand elle fut usée, & le mouvement passé, on ne la porta plus.

Réponse du club de Nîmes.

76

Adresse. *Réponse.*

Tout le monde sait qu'au mois de novembre 1788, il n'y avoit point de garde

---

Que quand, en 1789, il se forma une garde nationale à Nîmes, son réglement lui prescrivit de porter, *comme à Paris*, une cocarde bleue & blanche.

Que si des légionnaires ont cependant arboré une autre cocarde, c'étoit une preuve, non que la chose fût indifférente à la nation, mais, tout au plus, qu'elle l'étoit à ces légionnaires :

Que cependant si l'on vit porter cette cocarde par certains légionnaires de préférence, on ne peut croire que ce soit sans intention.

Que si ces légionnaires sont les mêmes qui se sont choisis d'une seule religion pour se distinguer, & qui ont signé les délibérations incendiaires, le soupçon augmente.

Que si ce sont les mêmes qui ont fait faire & qui ont porté des fourches, s'ils ont pris de préférence un uniforme verd, si leur chef est refugié à Turin, si tout cela se lie avec les autres mouvemens du Languedoc, la cocarde blanche est un vrai signal de contre-révolution.

Qu'en effet cette cocarde fut tout-à-coup arborée, à la fin d'avril, par des compagnies entières, non des compagnies mixtes & patriotes, mais des compagnies à fourches, des compagnies croisées, des compagnies qui vouloient, disoient-elles, venger la religion : l'information le prouve.

Que l'indignation des soldats de Guienne étoit une indignation nationale, & que s'ils arrachèrent les cocardes blanches, arborées avec tant d'uniformité & d'insolence, ils firent leur devoir ; que la municipalité, qui leur en fait un crime, & les accuse de s'être enivrés, décèle son penchant pour la cocarde blanche ; car si elle étoit patriote, elle ne blâmeroit pas les soldats, elle les loueroit.

Que l'information faite par la municipalité contre ces soldats, prouve sa partialité.

Qu'enfin, plus la municipalité s'agite pour adoucir l'impression fâcheuse de cette cocarde, pour calomnier les soldats, pour justifier les légionnaires, pour soutenir faussement qu'on l'avoit toujours portée, plus elle s'enferre dans sa propre épée.

Adresse.	*Réponse.*
	nationale, & qu'il n'existoit point de cause générale de porter la cocarde. Quant aux cocardes noires surmontées d'une croix, nous avons précédemment expliqué ce qui peut avoir donné lieu à cette fausse allégation. Enfin, on observera que le sieur Larnac, cité par les officiers municipaux pour avoir fait faire des cartouches meurtrières, n'est pas membre du club; qu'il n'est jamais convenu du fait qu'on lui impute; que ce fait ne doit être consigné que dans le procès-verbal de la municipalité, & que ce tort d'un particulier (si c'en est un (1)) ne peut être un motif de blâme pour ses concitoyens, ni être comparé par des magistrats, au tort d'un capitaine & d'une compagnie qui s'arment de fourches, malgré les défenses du commandant.

(1) Le 2 mai on s'égorgeoit : le lendemain on recommence, le sieur Larnac prépare des cartouches : voilà le crime du sieur Larnac. (*Note des éditeurs.*)

78

Adresse.

Ainsi, lors de l'assemblée électorale, on circonvint les électeurs, on calomnia auprès d'eux les représentans de la commune, parce qu'ils avoient prévu & prévenu de funestes complots, & on poussa l'animosité jusqu'au point de les insulter en pleine assemblée.

Réponse.

Qu'il nous soit permis de nous récrier ici sur l'indécence de cette inculpation! Qui croira que trois cents soixante électeurs d'un grand département, se soient laissé circonvenir, & qu'ils aient pu partager sans intérêt, l'animosité qu'on nous suppose?

Ce n'est pas à nous, au reste, à justifier l'assemblée électorale. Observons seulement que ce n'est pas sans fondement qu'elle témoigna son mécontentement contre la municipalité, puisque cette municipalité ayant fait cesser les précautions qui, jusques-là, avoient garanti les électeurs de tous excès, un d'entr'eux fut insulté; un porta ses plaintes à l'assemblée, & ne reçut pour toute réponse du procureur de la commune que ces mots: *Ce n'est pas comme électeur que vous avez été insulté, mais comme particulier.*

On sait que ce même procureur de la commune, jusqu'à la veille des élections, parcouroit les communautés

Adresse. | *Réponse.*

du département, voisines du Rhône, cherchant en vain à se rendre maître des suffrages pour le choix des administrateurs.

Ainsi, on engagea le district de Sommières à former un camp lors de la tenue de cette assemblée (1).

Il est absolument faux que le club ait engagé le district de Sommières à former un camp. Il seroit au contraire facile de prouver que quelques-uns de ses membres, consultés sur ce projet, ne le crurent point nécessaire. La municipalité, en forçant le district de Sommières à y renoncer par la manière odieuse dont elle affecta de considérer cette précaution, ne mérite-t-elle pas le juste reproche de s'être opposée à un moyen sage d'en imposer aux malveillans? Pour faire connoître les principes de la municipalité de Nîmes, & l'engagement qu'elle avoit contracté, les délibérations prises sur cet objet par les municipalités de Sommières & de Nîmes se trouveront sous le n°. 11 des pièces justificatives.

(1) *Vide* la proclamation du corps municipal du 31 mai 1790.

Adresse.

Ainsi, les dragons de la garde nationale, presque tous membres du club, répondirent à quelques propos inconsidérés, en faisant une décharge, & c'est par-là que commencèrent les scènes de sang, de carnage & d'horreur du mois de juin dernier.

Réponse.

L'édition répandue à Nîmes porte cette variante :

Ainsi, les dragons de la garde nationale, presque tous membres du club, sous, prétexte d'un billet qui leur fut apporté par un inconnu, tirèrent quelques coups de fusil, & c'est parlà que commencèrent les scènes de sang, de carnage & d'horreur du mois de juin dernier.

On apperçoit qu'on a voulu rendre à Paris la conduite des aggresseurs moins coupable, en supprimant l'incident du billet qu'il a bien fallu rétablir dans l'édition de Nîmes où ce fait étoit notoire : nous renvoyons à ce sujet aux détails que nous avons donnés dans l'ouvrage intitulé : *Vérités historiques*, &c., & qui sont confirmés par les dépositions des 2, 19, 25, 36, 48, 63, 71, 76, 100, 105, 152 & 157 mes témoins de l'information.

Adresse.

Cet acharnement, ces excès réitérés avoient fait naître depuis long-tems les

Réponse.

On observera facilement la perfidie du rapprochement de la première partie de ce

Adresse.

plaintes des amis de la paix; ils voyoient avec douleur qu'on cherchoit à la troubler. Un grand nombre de citoyens *actifs* (1), s'étoient assemblés le 20 d'avril, suivant la forme prescrite par les décrets, & ils avoient mis sous les yeux de la municipalité une pétition, dans laquelle les membres du club étoient dénoncés comme des hommes *qui, n'ayant que l'hypocrisie du patriotisme, ne tendoient à rien moins qu'à allumer le flambeau de la discorde, & peut-être même celui de la guerre civile.*

(1) On a affecté de reprocher aux officiers municipaux d'avoir souffert une *assemblée de catholiques*, tandis que dans l'avis donné à la municipalité, ces citoyens n'ont pris que le titre de citoyens actifs, conformément à l'article 62 du décret concernant l'organisation des municipalités.

Réponse.

paragraphe, avec la dernière de celui qui le précède: on croiroit d'abord que les prétendus amis de la paix ont pu se plaindre dès le mois d'avril, des troubles qui ne sont arrivés que dans le mois de juin: mais ce qui est plus bisarre, ces concitoyens, qui s'étoient assemblés le 20 avril, suivant *la forme prescrite par les décrets*, sont ceux qui, le même jour 20 avril, ont signé la trop fameuse délibération prise dans l'église des Pénitens blancs, délibération qui, de l'aveu de la France entière, tendoit *à allumer le flambeau de la discorde & de la guerre civile*: ce sont les mêmes qui, dans les verbaux de la municipalité, sont toujours présentés par elle comme dénonciateurs ou témoins. De pareils citoyens peuvent-ils être juges des principes du club, qui, d'ailleurs, le 20 avril, n'existoit que depuis cinq jours, & n'avoit présenté qu'une seule pétition, sur un réglement inconstitutionnel fait par la municipalité?

Adresse.

Des cris d'indignation se firent alors entendre de toutes parts contre une association si fatale pour la tranquillité publique. On demandoit instamment la suppression, au moins provisoire, de ce club perturbateur, & le peuple indigné se seroit porté en foule pour empêcher ses assemblées, sans la vigilance continuelle des officiers municipaux qui préservèrent cette société des désagrémens auxquels fut exposée dans la capitale, & presque à la même époque, une assemblée de citoyens, quoiqu'elle eût eu la précaution de se munir de l'approbation de la municipalité de Paris.

Réponse.

On ne sait de quel sentiment on est animé à la lecture de ce paragraphe. Quelle peut être l'intention de ce ridicule rapprochement des prétendues insultes dont le club fut préservé, & de celles auxquelles furent exposés certains citoyens de Paris? Veut-on dire que ces deux assemblées, l'une des amis de la constitution de Nîmes, l'autre des aristocrates de Paris, les plus connus, pourroient avoir quelque rapport? Cette phrase n'a point de sens, ou elle a celui-ci: M. Bailly, maire de Paris, *attaché aux principes de la constitution*, n'a pas su préserver d'une insulte populaire une assemblée d'aristocrates; au contraire, M. de Marguerite, maire de Nîmes, éloigné des principes de la constitution, a eu la générosité de protéger une assemblée d'amis de la constitution. Au reste, nous observerons que ni l'un ni l'autre fait ne sont exacts; mais on a de la peine à saisir le rapport qui peut exis-

Adresse. | *Réponse.*

ter entre ces deux évènemens connus, entre ces deux municipalités. Ce qui est assuré, c'est que le peuple, soi-disant *indigné*, n'a jamais menacé le club d'une manière assez effrayante pour inquiéter MM. les officiers municipaux. Quelques bruits populaires, quelques honteux placards auroient pu épouvanter les membres du club, s'ils n'eussent pas eu le courage que donne une bonne conscience. Mais, ce qui pourroit porter bien plus d'atteinte à leur repos, c'est l'affectation de la municipalité de les indiquer comme des perturbateurs du repos public; de ne répondre à aucunes de leurs pétitions; de ne pas prendre connoissance des motifs de leur demande; de ne pas craindre enfin de rendre publique une adresse du 17 mai, dans laquelle elle n'a pas rougi d'insérer le paragraphe qu'on lira sous le n°. 12 des pièces justificatives, contre une association qui réunit plus de cent pères de familles, con-

Adresse. | *Réponse.*

Réponse.

nus la plupart par leur âge respectable, les vertus de leur famille, & l'usage qu'ils savent faire de leur fortune; contre des personnes, enfin, qui n'ont d'autre tort que d'avoir desiré par-dessus tout le maintien de la constitution.

Il est assez remarquable d'entendre dans cette adresse du 17 mai, M. Labaulme, officier municipal, ayant le dévolu, proférer les paroles qu'elle renferme, & de voir ensuite ce même M. Labaulme écrire, le 4 juillet, au club une lettre, qu'on trouvera aussi sous le n°. 12 des pièces justificatives. Nous osons avancer que, dans la lettre, que, seul, il a signée, son opinion sur les membres du club a été plus libre que dans le conseil général de la commune.

Adresse.

Si le club n'avoit fait que calomnier le corps municipal, les magistrats intègres qui le composent auroient fermé les yeux sur des excès aussi impuissans que répréhensibles; mais la conduite

Réponse.

Les faits dont on présente un apperçu si rapide dans ce paragraphe, ne sont consignés, d'après l'aveu des officiers municipaux, que dans le même procès-verbal qu'ils ont rédigé, & dans lequel

Adresse.

de plusieurs membres (1) du club, lors des émeutes des premiers jours de mai, des contre-patrouilles faites de nuit avec des armes chargées, des coups de pistolet (2) tirés sur des groupes au milieu desquels les officiers municipaux s'efforçoient de mettre la paix, & tant d'autres démarches (3) insubordonnées, dont on trouve les preuves dans les verbaux dressés à cette époque, & depuis long-tems déposés au comité des recherches, forcèrent enfin, le 17 mai,

(1) Dans le procès-verbal du 2 mai, les déclarations des témoins 20 & 23, officiers de la légion, & 41 du sieur de Salignac, lieutenant du régiment de Guienne.

(2) *Vide* les déclarations des 7 & 15e témoins, *idem*.

(3) Quelque temps après ils mirent le comble à cette insubordination, en faisant charger les fusils de certaines compagnies, en présence de la légion assemblée sur l'esplanade le jour de la Fête-Dieu, ce qui fut sur le point d'exciter un incendie général.

Réponse.

quelques faits isolés, quelques circonstances peu importantes doivent avoir été présentés par eux comme des projets concertés : de ce nombre est une patrouille faite par un capitaine de la garde nationale autour de la maison & de l'aveu du colonel de la légion ; & une autre, faite d'ordre du maire un jour de fausse alarme, & à la tête de laquelle le maire étoit lui-même.

Il est question dans ce paragraphe des démarches insubordonnées, & on trouve par un renvoi cette note (3) : Voyez la note ci à côté.

Nous en appelons au témoignage de toutes les personnes qui ont été à la tête

Adresse.

le corps municipal à dénoncer ces perturbateurs du repos public à l'assemblée nationale.

Depuis long-temps ils avoient intéressé à leur cause le procureur du roi au présidial de Nîmes. Celui-ci s'étoit empressé de porter plainte, d'après la dénoncia-

Réponse.

de la légion depuis sa création, pour dire de quel côté s'est manifestée l'insubordination, celle qui éclata en particulier le jour de la Fête-Dieu, & qui faillit coûter la vie à M. de Saint-Pons, major-commandant de la légion, est consignée dans le mémoire que ce même M. de Saint-Pons a envoyé aux députés de la sénéchaussée de Nîmes, avec prière de le mettre sous les yeux de l'Assemblée nationale. On y voit jouer un rôle principal à MM. Froment, Vigne, Melquiond, COMMISSAIRES DE LA DÉLIBÉRATION DES PÉNITENS.

C'est ici le moment d'observer que ces commissaires & leurs adhérens sont constamment ceux que la municipalité prend sous sa protection, avec lesquels elle confond ses intérêts.

Nous sommes forcés de le répéter ; on ne conçoit pas comment la municipalité ose encore nier l'existence des délits commis dans les mois de mars & d'avril. Ces délits

Adresse. | *Réponse.*

tion de certaines personnes avec lesquelles il a des liaisons intimes, sur de prétendus délits commis dans le mois d'avril. Il en fit autant sur une autre dénonciation relative aux troubles du mois de mai; & lorsque la municipalité lui indiqua, par l'entremise du procureur de la commune, une foule de faits plus graves les uns que les autres; lorsque celui-ci lui communiqua un extrait de la délibération (1) prise à ce sujet par le conseil général de la commune, il n'y eut aucun égard.

sont prouvés par une procédure faite sur la plainte du procureur du roi. Les officiers municipaux les ignorent si peu, que trois d'entr'eux firent des descentes chez les nommés Pourcher & Maury, blessés par des assassins.

Ce conseil craignant que si l'on négligeoit de poursuivre cette procédure, les auteurs des émeutes du mois de mai ne demeurassent impunis, & qu'il en résultât de grands malheurs, chargea le procureur de la commune de

S'il est une dénonciation récriminatoire, c'est véritablement celle que la municipalité a faite : il ne faut pour cela que consulter les dates. La plainte que le procureur du roi porta sur les évènemens du mois de mai,

(1) Cette délibération contient les faits les plus graves, & cependant le procureur du roi n'y a point fait attention, quoique le décret qui renvoie au présidial de Nîmes ordonne d'informer sur les circonstances & dépendances.

Adresse.

faire un acte (1) au procureur du roi de le sommer de recevoir la dénonciation, & lui indiquer les premiers témoins à entendre.

Le croiroit-on? cet acte signifié le 15 mai (2), ne produisit aucun effet. Quel parti prendre en des circonstances si critiques? Réclamer la justice & l'autorité du Roi, & c'est ce que firent les représentans de la

Réponse.

fut le 10; la délibération par laquelle la municipalité charge le procureur de la commune de dénoncer, est du 13; & jamais cette délibération n'eût été prise, si l'on n'eût eu connoissance de la première plainte qu'on avoit intérêt d'arrêter, & sur laquelle 20 témoins avoient déja déposé.

Si les Officiers municipaux étoient de bonne foi, ils raconteroient les faits relatifs à la conduite du procureur du roi tels qu'ils sont. Les voici :

Le sieur Vidal, procureur de la commune, s'étant ren-

---

(1) Il est essentiel que cet acte soit lu en entier à l'assemblée, parce qu'il a été signifié dès le 15 *mai*, & qu'il contient l'indication de certains témoins à faire entendre. Le refus constant du procureur du Roi ne sera pas excusé sans doute par son allégation, qu'aux termes de la Déclaration du Roi, du 2 octobre 1703, les officiers municipaux ne peuvent intenter aucune action, ni commencer aucuns procès sans une autorisation du commissaire départi dans la province; & que la dénonce du procureur de la commune n'étant pas revêtue de la sanction de M. l'intendant, elle est illégale, & ne peut produire aucun effet.

(2) Il est résulté de ce refus, que plusieurs témoins très-essentiels ont péri dans les fatales journées du mois de juin, & que plusieurs autres proscrits ont été contraints de s'expatrier. Est-il maintenant en la puissance du procureur du Roi de réparer le tort qu'il a fait aux accusés?

Adresse.

commune. M. le garde-des-ſceaux, après avoir mis cette affaire ſous les yeux du conſeil (1), enjoignit au procureur du roi de recevoir la dénonciation, & demanda au corps municipal : « Vous » m'avez envoyé la délibéra-» tion du 17 de ce mois, » qui a pour objet de vous » plaindre du refus que fait » le procureur du roi d'inſ-» truire une procédure ſur la » dénonciation du corps mu-» nicipal; je crois, en effet, » que ſes motifs de réſiſtance » ne ſont pas très-ſolides. » Il ne ſemble pas qu'il » puiſſe demander l'autoriſa-» tion formelle du commiſ-» ſaire départi dans la pro-» vince, ni inſiſter, dans les » circonſtances préſentes, ſur » l'application d'un régle-» ment purement fiſcal ».

Nouvelle réclamation de la municipalité, au commencement du mois de juin. Le procureur du roi feint d'obéir; mais ſur cent ré-

Réponſe.

du chez M. le procureur du roi, pour faire la dénonciation, celui-ci vouloit exiger, ſuivant l'uſage du tribunal de Nîmes, que le dénonciateur ſe rendît expreſſément reſponſable des ſuites de la dénonciation : le ſieur Vidal prétendit que ſa qualité de procureur de la commune l'en diſpenſoit. M. le procureur du roi demanda alors ſi le conſeil général de la commune avoit été autoriſé par le commiſſaire départi, comme l'exige la déclaration du 2 octobre 1703; on n'avoit pas cette autoriſation : le procureur du roi crut donc ne pas pouvoir recevoir la plainte. On lui fait un acte, il réitère la réponſe qu'il avoit faite, & l'on s'adreſſa, de part & d'autre, à M. le garde-des-ſceaux. M. le garde-des-ſceaux répondit au procureur du roi, que dans les circonſtances actuelles, il ne croyoit pas l'autoriſation de l'intendant néceſſaire;

(1) Appert la copie de la lettre de M. le garde-des-ſceaux.

Adresse.

moins, il n'en fait entendre que deux, & retire sa plainte.

Réponse.

qu'aux termes de l'article VII du titre III de l'ordonnance de 1670, le dénonciateur étoit soumis, de plein droit, à la garantie, sans qu'il soit besoin d'une clause expresse; que cependant on ne pouvoit se refuser à voir que s'il n'avoit pas d'intérêt réel à exiger cette clause, les officiers municipaux n'en avoient pas non plus à la lui refuser, puisqu'elle n'ajoutoit rien à leur engagement, ainsi qu'il le leur marquoit par le même courier. Le proreur du roi reçut la dénonciation : on lui donna le 8 juin la note, non pas de cent témoins, comme on a osé l'avancer, mais seulement de vingt-un, qu'il fit tous assigner dès le 10, après avoir porté sa plainte (1).

La lettre de M. le garde-des-sceaux, du 28 mai, décidoit que les officiers municipaux demeureroient responsables de leur dénoncia-

(1) Voyez dans les pièces justificatives la liste des vingt-un témoins, signée par le sieur Vidal, & l'exploit d'assignation fait à chacun d'eux. On la trouvera parmi les pièces justificatives.

tion :

Adresse. | *Réponse.*

tion : ils donnent un extrait de cette lettre, & ont gardé le silence sur cette décision : ils font plus ; ils taisent la délibération qu'ils prirent le 9 juin, dans l'intention de se soustraire à la garantie à laquelle la loi les soumettoit. Déja l'information étoit commencée, deux témoins avoient été entendus, lorsque M. le procureur du roi, instruit de cette délibération, se vit obligé de suspendre ses poursuites, instruisit M. le garde-des-sceaux des motifs de cette suspension, & le prévint qu'il attendroit ses ordres ultérieurs pour reprendre les poursuites : le silence qu'a gardé jusqu'à ce jour M. le garde-des-sceaux détruit l'inculpation faite par la municipalité au procureur du roi.

Il est essentiel d'observer que dans une note qui se rapporte à ce paragraphe, on lit : (1) Voyez la note ci-contre.

Aucun des témoins administrés par M. Vidal, & dont la note est parmi les pièces

(1) Il est résulté de ce refus, que plusieurs témoins très-essentiels ont péri dans les fatales journées du mois de juin, & que plusieurs autres proscrits ont été contraints de s'expatrier. Est-il maintenant en la puissance du procureur du roi de réparer le tort qu'il a fait aux accusés ?

Adresse.

Ce paragraphe ſe rapporte au mot *dans l'édition.*

Le motif ſecret de cette conduite ſe trouve peut-être expliqué par le procès-verbal, où pluſieurs témoins déclarent que ce fut dans un jardin (1) que le procureur du roi garde pour ſon amuſement, que s'aſſemblèrent en partie ceux qui causèrent les émeutes du mois de mai.

(1) Ce fait eſt prouvé par les déclarations des témoins 8e & 43e, procès-verbal du 3 mai.

Réponſe.

juſtificatives, n'a péri, comme on oſe l'avancer, & il n'exiſte aucune proſcription qui empêche le petit nombre de ceux qui peuvent être abſens de ſe préſenter quand ils voudront.

Tous ces faits ſont établis par la procédure dont on a pris connoiſſance au greffe, & on trouvera ſous le n°. 13 toutes les pièces juſtificatives qui y ont rapport.

Dans l'édition diſtribuée à Nîmes, on lit ce même paragraphe rédigé de la manière ſuivante :

« Le motif ſecret de cette » conduite ſe trouve peut-» être expliqué par le procès-» verbal, où pluſieurs té-» moins déſignent le lieu » dans lequel (1) s'aſſem-» blèrent en partie ceux qui » causèrent les émeutes du » mois de mai, ſi on ne l'at-» tribue à l'aſcendant qu'a » un fameux clubiſte qui » l'obſède ».

Il eſt encore queſtion ici

(1) » Ce fait eſt prouvé par les délibérations des témoins 8e & » 43e, au procès-verbal du 3 mai. »

Adresse. | *Réponse.*

de ce procès-verbal : on voit quelle confiance il mérite, puisque ses auteurs ne craignent pas de hasarder l'inculpation la plus grave contre un magistrat, en la fondant sur une opinion qui n'est pas même arrêtée dans leur esprit. Au reste, le jardin du procureur du roi, dont il est parlé dans ce paragraphe, n'est pas à lui, & il ne le garde point pour son amusement; il est loué, depuis le 14 mai 1789, à la demoiselle Lafitte, épouse du sieur Cruvillier, lequel a pu le sous-louer à une société de jeunes gens, qui peuvent bien en être sortis sans dessein, au bruit de l'émeute, dont le lieu étoit voisin de ce jardin (1).

On sait qu'à cette époque la vigilance active du maire & des officiers municipaux, rendit inutiles les efforts des malveillans, & parvint à rapprocher, par une heureuse

Les membres du club le diront hautement; ils ne purent, en effet, être contens de cette *réunion subite*, & tous les citoyens honnêtes sentirent bien que ce feu

(1) Il a été remis devers le greffe le mai, la police d'arrentement de ce jardin, en date du. . . . .

Adresse.

réconciliation, les parties opposées (1).

Les seuls membres du club ne purent (2) dissimuler le mécontentement que leur causa cette *réunion subite.* Instruits du verbal dressé par les officiers municipaux, & des déclarations multipliées qui mettoient leur complot à découvert, ils s'assemblèrent & résolurent de dénoncer à l'assemblée nationale la conduite des magistrats, dont la prévoyante fermeté avoit fait avorter leur dessein favori, de dominer, par la terreur, dans les assemblées primaires, qui devoient avoir lieu peu de jours après.

---

(1) *Vide* l'exposé-sommaire des évènemens arrivés les 2, 3 & 4 mai, joint à la présente adresse.

(2) On remarque que leurs maisons ne furent pas illuminées, malgré la proclamation faite à la demande de tous les citoyens.

Réponse.

n'étoit qu'assoupi, & ne pouvoit être éteint.

Qu'entendent les officiers municipaux par cette heureuse réconciliation des parties opposées? Ces parties, en effet très-opposées, ne furent point réunies : quelques soldats du régiment de Guienne, égarés sur la vérité des inculpations faites à leurs camarades, crurent pouvoir pardonner à leurs adversaires : les citoyens entr'eux ne furent point mis d'accord, & l'on ne chercha qu'à renforcer le parti des malveillans par les soldats de Guienne. Il est vrai que ceux-ci ne tardèrent pas à voir que *les plaintes portées contre leurs camarades* étoient sans fondement, & ils en furent d'autant plus irrités contre ceux qui les avoient trompés. Le ministre de la guerre, le colonel du régiment de Guienne, ont rendu une justice éclatante aux bas-officiers, qu'on avoit faussement inculpés, & le jour qu'ils sortirent de prison fut un jour d'alégresse pour tous leurs

Adresse.

Le témoignage éclatant de l'alégresse publique & de la reconnoissance des citoyens envers les officiers municipaux, ne fit qu'accroître les ressentimens des prétendus amis de la constitution. Ils préparèrent, dans le silence, des moyens de maîtriser l'assemblée électorale, & leur unique espoir fut de se dédommager dans la formation du département & du district, la prépondérance qu'ils n'avoient pu obtenir lors de l'élection des officiers municipaux.

Réponse.

camarades; c'est donc parce que le club des amis de la constitution étoit clairvoyant & ferme dans ses principes, qu'il eut le courage de ne pas interrompre le mémoire par lequel il dénonçoit à l'assemblée nationale la conduite de la municipalité, & il ne fut pas plus arrêté par l'hypocrisie de cette réconciliation prétendue, qu'il ne l'avoit été précédemment par les menaces dont on avoit voulu l'effrayer.

Les officiers municipaux ont raison; l'unique espoir des bons citoyens étoit de voir nommer le département & le district d'une manière qui pût assurer le repos de ces contrées. Ils se préparèrent ouvertement, non pas à maîtriser l'assemblée électorale, (nous ne redirons pas ici combien est indécente une pareille inculpation) mais à faire connoître à MM. les électeurs les détails de la conduite qu'il avoit cru devoir tenir dans ces circonstances délicates. Il eut la satisfaction de réunir l'appro-

Adresse.

Pour parvenir à ces fins, ils conçurent le projet de les fatiguer chaque jour par de nouvelles pétitions, de les distraire de leurs importans travaux par des entreprises repréhensibles, de les désunir, s'il étoit possible, & de les éloigner de la maison commune. Les cruels évènemens du mois de juin, combinés d'avance, servirent parfaitement leur haine contre une municipalité dont l'aspect les importunoit, & qu'ils avoient fait vœu d'anéantir par toutes sortes de moyens.

Réponse.

bation du plus grand nombre d'entre eux.

Nous voudrions n'avoir à accuser les officiers municipaux, que d'erreur dans ce paragraphe : mais ils savent, comme tous les habitans du département du Gard, que les amis de la constitution ne furent pas long-temps inquiets sur le résultat de l'assemblée électorale ; son verbal l'atteste : elle étoit composée de 505 électeurs, & dès les premiers choix, on vit le parti patriote l'emporter sur l'autre par une majorité de 360 voix environ, contre 140 : le président, le secrétaire, les scrutateurs, enfin les membres de l'administration furent successivement nommés parmi les personnes les plus distinguées par leurs lumières & leur patriotisme. Qui pourra croire que le club, qu'on ose accuser d'avoir dicté un choix que l'opinion publique seule indiquoit ; qui croira que le club & les malveillans prétendus qu'il renferme, aient cherché les premiers à troubler la paix publique, dans un moment où, sans peine & sans danger, ils voyoient le choix de l'assemblée électorale se réunir sur toutes les personnes que lui-même auroit choisies? & l'Assemblée nationale peut juger par les opérations du corps administratif du département, si les sujets qui le composent sont éloignés de la confiance de leurs commettans. Si nous voulions récriminer, nous pourrions ici, avec bien plus de fondement que les officiers municipaux, nous écrier: *Que ne peuvent l'intrigue, la vengeance & l'ambition réunies!* Les attroupemens qui, le dimanche 13 juin, eurent lieu à la même heure devant la citadelle, entre les deux cours, près des casernes, à la porte des Carmes, à l'évêché, aux récollets, pendant que les membres du club étoient réunis paisiblement avec un grand nombre d'électeurs & de personnes de l'un & de l'autre sexe; ces mouvemens violens & COMBINÉS D'AVANCE, n'annoncent-ils pas

Adresse.

En effet, dès le 13 au soir, c'est-à-dire, dès le commencement de la rixe survenue entre quelques légionnaires, les officiers municipaux furent proscrits & poursuivis : ils n'échappèrent à la mort que par des hasards miraculeux. On les empêcha de se réunir pour concerter leurs opérations ; on fit éprouver les plus affreux traitemens à ceux qui, après la sortie de leurs collègues, étoient demeurés dans la maison commune, pour la vérification des comptes.

Réponse.

la haine d'un parti déçu contre une assemblée électorale *qui l'importunoit, & qu'il avoit fait vœu d'anéantir par* toutes sortes de moyens ?

Il est absolument faux que les officiers municipaux aient été proscrits & poursuivis. Le 13 au soir tous les bons citoyens cherchoient à se mettre sous leur protection. M. de Saint-Pons, commandant de la légion, à la tête d'un détachement de la compagnie de garde, en rencontra deux qu'il engagea à se rendre avec lui sur le lieu où avoit commencé la rixe.

Le même M. de St.-Pons avoit rencontré, quelques instans auparavant, le procureur de la commune, & l'avoit vivement sollicité de se rendre à l'hôtel-de-ville ; mais après y être arrivé, celui-ci en disparut sans avoir donné les ordres nécessaires (1).

Leur réunion n'a pas été impossible, puisque les commissaires du roi se concertè-

(1) *Vidé* les dépositions des 5, 11, 53, 63, 70, 116, 152 & 153e témoins de l'information.

Adresse.

L'un (1) d'entre eux, ministre des autels, fut contraint, par une foule de volontaires, de publier seul la loi martiale. Le drapeau fatal est mis entre ses mains; on le force de le porter lui-même; on l'insulte, on le frappe, on l'excède de coups au point de lui faire vomir le sang. L'autre (2), traîné dans les rues comme un criminel, est menacé, maltraité. Un des gardes nationaux, touché de son sort, pare, heureusement pour lui, plusieurs coups de sabres & de baïonnettes qui lui sont portés (3). Celui-ci doit la vie à la maréchaussée, qui vint à son secours (4): celui-là reçoit sur la main un coup de sabre, dont il sera peut-être estropié toute sa vie. Un autre (5) est sur le point

Réponse.

rent avec eux à l'hôtel-de-ville.

Les officiers municipaux ne craignent pas de convenir que l'un d'entre eux, l'abbé de Belmont, fut contraint, par une foule de volontaires, de publier seul la loi martiale. Mais ceux qui le contraignirent à faire cette publication, desiroient donc le rétablissement de l'ordre?

Comment concilier les inculpations contre les citoyens, avec ce zèle qu'ils mirent à réclamer la loi martiale? Les moteurs des désordres intéressés à le propager, auroient-ils imploré des magistrats pour en arrêter l'effet?

Pourquoi l'abbé de Belmont ne s'empressoit-il pas de prévenir le vœu des citoyens? Les circonstances n'étoient-elles pas assez urgentes? Déja l'on avoit vu

(1) L'abbé de Bellemont, vicaire-général & chanoine de Nîmes.
(2) M. Ferrand de Missol, ancien magistrat.
(3) M. Pontier.
(4) M. Laurens, avocat.
(5) M. Aigon, négociant.

Adresse.	*Réponse.*
de subir le dernier supplice dans l'hôtel-de-ville. (1) Le procureur de la commune échappe à mille dangers, & voit plusieurs fois le poignard levé sur son sein. Son substitut (2), jaloux de le remplacer, est poursuivi pendant plusieurs jours ; il essuie huit coups de fusils à diverses reprises ; il tombe au milieu des cadavres, & ne doit son salut qu'à cette heureuse chute. *M. de la Baulme*, portant des paroles de paix aux étrangers arrivés en foule à l'esplanade, est chargé d'imprécations ; les sabres & les baïonnettes sont tournées contre lui, & il ne peut se sauver qu'en rejoignant un collègue (3), qu'on s'efforçoit de séparer de lui. *M. Duroure* voulant s'opposer au pillage du collége, & protéger les jours du recteur, est sur le point d'être assassiné : il ne cesse d'essuyer les menaces d'un lé-	plusieurs citoyens impitoyablement égorgés. Le sieur Jalabert avoit été assassiné dans sa propre maison ; le sieur Astruc, vieillard de 70 ans, passant près la porte des Carmes paisiblement & sans armes, avoit reçu la mort ; d'autres citoyens avoient été poursuivis & atteints. Falloit-il attendre de nouveaux malheurs ? Pourquoi M. l'abbé de Belmont se refusoit-il à marcher ? Faut-il le dire ? Les révoltés étoient les volontaires des compagnies de Froment, de Folacher, de Descombiés & autres. On a assez vu les liaisons intimes de ces chefs avec la municipalité. Les officiers municipaux gardent le silence le plus absolu sur l'enlèvement du drapeau rouge ; ils ne disent pas que la troupe qui l'escortoit fut assaillie par les gens à houpe rouge ; que ce furent ceux-ci qui enlevèrent ce drapeau, & un second porté ensuite

(1) M. Vidal.
(2) M. Boyer.
(3) M. Vincent Valz.

Adresse.

gionnaire, qui lui vante *la beauté & la bonté de son sabre, bien propre à faire sauter des têtes.* On massacre sous ses yeux six infortunés, & ses instantes sollicitations ne purent leur épargner la mort. En un mot, toute la municipalité court les plus grands risques pendant cinq jours (1). Plusieurs de ses membres ne trouvent point d'asyle, on va les chercher jusques dans leurs propres foyers, & l'on menace du pillage ceux qui pourroient vouloir les soustraire à la fureur de leurs ennemis. Ainsi s'exécuta le projet depuis long-temps arrêté, de disperser le corps municipal, pour s'emparer de son autorité & des rênes de l'administration.

On force les officiers municipaux à faire des réquisitions à chaque instant; on

Réponse.

par MM. Ferrand de Missol & Pontier. Un procès-verbal dressé par eux-mêmes, nous fournit la preuve de ces faits, & on les trouve sous le nº. 14 des pièces justificatives (a). Ceux qui enlevoient les drapeaux rouges, ceux qui attaquoient les troupes qui les suivoient, sont-ils aux yeux de la municipalité les amis de la paix? & peut-on s'étonner que ces forcenés se soient peut-être livrés vis-à-vis M. l'abbé de Belmont à des excès qui augmentèrent dans ce moment l'effroi des bons citoyens qui l'accompagnoient? Les dangers qu'avoit courus l'abbé de Belmont, furent les mêmes que courut ensuite M. Ferrand, lorsqu'on enleva entre ses mains le second drapeau rouge.

Lorsque M. Laurent reçut un léger coup de sabre sur la main, ce fut en détournant

(1) Tous ces faits sont consignés dans les verbaux adressés à l'Assemblée Nationale.... Voilà pourtant les officiers municipaux qu'on a taxé de foiblesse & de pusillanimité.

(a) Les deux drapeaux rouges furent trouvés chez Froment. Voyez la déposition de Descombiés.

Adresse.

les consigne dans la maison commune ; on leur promet que s'il survient de nouveaux troubles, ils seront *mis en avant*, & seront les premières victimes : on assassine leurs concitoyens sur les plus légers prétextes ; on en immole jusques dans les salles où ils sont assemblés ; on en désarme à leurs noms ; on en précipite un grand nombre dans les cachots ; la raison a beau crier qu'il n'y a point de criminels, la vengeance veut des victimes. Que de massacres, que de pillages, que d'atrocités (1) ils virent commettre sans pouvoir les empêcher !

Réponse.

un coup qui étoit dirigé contre M. Paris, officier des dragons nationaux, par un homme portant une houpe rouge : il fit un acte d'humanité qui mérite des éloges : mais il y a une mauvaise foi évidente à vouloir tirer parti de cet accident, pour faire supposer que des patriotes en vouloient aux jours d'un officier municipal.

Enfin, si les sieurs Vidal, Boyer, Pontier, Duroure & de la Baulme, ont couru des dangers, il ne faut point affecter de les énumérer comme se rapportant à la soirée du 13. Ce fut dans les trois jours qui la suivirent, dans ces évènemens où tous les esprits aigris, égarés en quelque sorte par la fureur & la vengeance, ne pouvoient se rappeler qu'avec désespoir, en rencontrant les officiers municipaux, qu'il n'eût tenu qu'à eux de prévenir tout le mal. Ils ont couru des dangers, comme en couroient tous les citoyens ; & certes, on ne s'étonnera pas, en réflé-

---

(1) Ces atrocités sont détaillées dans le tableau imprimé à la suite du mémoire justificatif pour la municipalité de Nîmes.

Réponse.

chiſſant aux devoirs des magiſtrats du peuple, dans des momens d'émeute. Leurs devoirs les appellent aux lieux les plus dangereux. C'eſt ce pénible devoir qui, lorſqu'il a été bien rempli, leur vaut enſuite, pour récompenſe, la vénération & la reconnoiſſance de tous les gens de bien : mais ce qu'on ne peut voir ſans indignation, en liſant ce paragraphe, c'eſt qu'après avoir eu la mauvaiſe foi de confondre ainſi les temps & les perſonnes, l'ame des officiers municipaux n'ait pas été preſſée du beſoin de ſatisfaire à la reconnoiſſance, en faiſant connoître les perſonnes qui, dans ces momens affreux, ont eu le noble courage de partager leurs dangers, & d'éloigner d'eux la vengeance d'un peuple exalté.

Que M. Ferrand ſe ſouvienne de M. Jean André; M. Fornier, de M. Blanc-Paſcal; M. de Labaulme, de M. Chabaud; M. Vidal, de M. Ribot.

Que M. Boyer ſe ſouvienne de M. Boyer Devillas & de M. Tur : que M. Gas, M. Gaillard, officiers-municipaux parlent (1), & qu'on ſe faſſe, s'il ſe peut, une idée

---

(1) M. Ribot conduiſant une patrouille, trouva le mardi 15 juin, M. Vidal, procureur de la commune, & M. Laurent, officier municipal, déguiſés chez le nommé Gas, tavernier, où ſe réuniſſoient les gens à houpe rouge. M. Ribot les ſauva de la fureur du peuple ; & comme ces municipaux étoient électeurs, il les conduiſit à l'aſſemblée électorale, à laquelle il les confia (1).

M. Labaulme, après la nuit affreuſe du dimanche au lundi, parloit aux troupes raſſemblées, qui, à ſa préſence, n'écoutoient que leur indignation & leur déſeſpoir. M. Pierre Chabanel calme tous ces volontaires, & s'expoſe à tout leur reſſentiment, pour embraſſer la défenſe du magiſtrat, dont il préſerve la perſonne de toute inſulte.

(1) C'est pourtant ce même M. Ribot qui est calomnié avec ingratitude dans les mémoires des municipaux. (*Note des éditeurs.*)

de l'indignation qu'éprouvent des ames généreuses à voir présenter insidieusement comme perturbateurs du repos public, des personnes qui, après avoir travaillé de toutes leurs forces au maintien de la paix, ont encore exposé leur vie pour protéger celle de leurs plus cruels adversaires.

Qui ne sait que dans une émeute horrible, qui a duré quatre jours, on s'est livré aux plus criminels excès ? Quel homme osera répondre de contenir & de maîtriser une foule ignorante qu'on a livrée au désespoir ? La raison, dans un pareil moment, peut-elle se faire entendre de la multitude ? La municipalité de Nîmes annonce, par une note, le détail imprimé de ces atrocités : nous n'y apprendrons rien que l'histoire trop connue des passions des hommes. Ce ne sont pas les criminels & effrayans effets de ces passions, qu'il importe de connoître, ce sont les causes plus criminelles encore qui les ont produites, Qu'on se rappelle toutes les manœuvres qui ont été dénoncées au comité des recherches, depuis le mois de novembre dernier, & l'on verra par qui ces malheurs ont été préparés (1).

Note des éditeurs.

(1) La municipalité a fait répandre, à Paris, ces criminels DÉTAILS, où les gens clairvoyans ont découvert ses coupables intentions, où les habitans du département verront ses calomnies : elle les a intitulés : *Détails circonstanciés des massacres commis à Nîmes par les protestans, sur les catholiques.*

Voilà donc la municipalité démasquée ; car si les massacres n'ont pas été commis par les protestans de Nîmes, sur les catholiques, mais par les patriotes de tout le pays, sur les anti-patriotes de Nîmes seul, par les bons citoyens sur les ligueurs, par les cocardes nationales *sur* les houpes rouges, jadis cocardes blanches ; si le parti vaincu a été celui qui, depuis six mois, s'étoit séparé avec des

Réponse.

Nous ne pouvons passer sous silence une phrase de ce paragraphe : *Ainsi*, disent les officiers municipaux,

---

signes de contre-révolution, ça été une triste victoire des amis de la révolution sur ses ennemis.

On ne peut pas relever, dans une note, tous les mensonges de ce libelle signé; on se contentera d'observer que le mensonge dominant est démenti par les faits. Les ligueurs qui vouloient absolument une guerre de religion, trouvent des avocats dans les municipaux, qui soutiennent, qui répètent, qui redisent que les protestans ont massacré les catholiques, que les protestans des environs s'étoient réunis pour cela, que les protestans ont tout fait, comme s'il n'y avoit qu'eux de patriotes!

Hé bien, il faut qu'on apprenne à Paris, ce que savent les habitans du pays, que les catholiques du Languedoc sont aussi bons patriotes que ceux du reste du royaume.

Que les ligueurs étoient une bande de furieux, soudoyés par leurs chefs, qui ne formoient qu'une petite partie des habitans de Nîmes, mais que leurs armes & la protection de la municipalité rendoient audacieux & entreprenans.

Que le club, qui a sauvé la ville par sa fermeté, est composé de tous les citoyens riches ou aisés, qui, en veillant à la chose publique, veilloient aussi à la conservation de leurs maisons & de leur fortune.

Que ce club est mixte, c'est-à-dire, composé de catholiques & de protestans.

Que la garde nationale est mixte; que tout ce qui compose des sociétés dans ce pays-là est mixte; que l'état-major des gardes nationales est catholique.

Que les gardes nationales qui vinrent au secours des patriotes massacres, étoient mixtes, & que plusieurs d'entre elles furent conduites par leurs curés; *M. Solier*, prieur de Colognac; *M. Bremond*, curé d'Anduse; *M. Boulet*, curé de Puechredon; *M. Chabert*, curé de Boissière, & plusieurs autres.

Que les municipalités de Beaucaite & d'Arles, qui offrirent des secours aux patriotes opprimés, sont entièrement catholiques; que des villes catholiques de Provence, qui se réunirent pour offrir leurs services aux patriotes vexés, sont toutes catholiques.

Que les principaux habitans du pays qui inculpent la municipa-

Réponse.

s'exécuta le projet depuis long-tems arrêté de disperser le corps municipal pour s'emparer de son autorité & des rênes de l'administration. Rien assurément n'est moins prouvé qu'un pareil projet, & qu'il nous soit permis de relever une seconde absurdité remarquable. D'abord, 1°. comment, en dispersant le corps municipal, s'empare-t-on de son autorité? Ne diroit-on pas que les fonctions municipales sont au premier occupant? 2°. La municipalité exerce encore ses fonctions, & n'a pas assez perdu de sa force pour qu'elle ne puisse encore inquiéter beaucoup les citoyens.

S'il étoit vrai que le but de ce qu'elle appelle les malveillans eût été de s'emparer des rênes de l'administration, pourquoi les auroient-ils laissées jusqu'à ce jour dans leurs mains?

Adresse.

Des églises, des couvens, des maisons sont livrées au pillage, saccagées, détruites,

Réponse.

Nous opposerons la vérité, la nature des faits, & le calme de la réflexion à ce

---

lité, sont catholiques; le procureur du roi, qui a demandé l'information, & les juges qui l'ont reçue; que les électeurs du département qui ont blâmé ses manœuvres, les directoires qui les ont dénoncées, sont mixtes; qu'on voit, d'un côté, tout un département qui se plaint; & de l'autre, les houpes rouges, & la municipalité qui les justifie.

Enfin, qu'il est constant, dans le pays, que les vengeances exercées sur les ligueurs le furent autant par les catholiques, que par les protestans.

La municipalité, qui s'enveloppe d'un grand mensonge cent fois reproduit, ne veut donc que tromper, séduire, se maintenir, & recommencer. Elle se fait illusion: les guerres de religion sont désormais impossibles; mais il faut punir ceux qui les provoquent.

&

Adresse.

& les maisons pillées n'appartiennent qu'à des catholiques! Cette remarque ne fait point ouvrir les yeux : on avoit eu la perfide précaution de publier que les citoyens proscrits étoient anti-patriotes, contre lesquels les amis de la liberté ne pouvoient trop rigoureusement sévir.

Les brigands qui avoient suivi les troupes nationales, connurent vraisemblablement tous ces désordres, & furent dirigés par des hommes qui n'échapperont pas, sans doute, à la rigueur des lois. La plupart des gardes nationaux étrangers, maintenant détrompés, voient avec une profonde douleur que leur présence a pu autoriser ces crimes prémédités, & ils s'apperçoivent, mais trop tard, que la proscription n'a enveloppé que ceux dont le sacrifice étoit réservé pour ces jours de vengeance; que ceux qui avoient déposé sur les émeutes du mois de mai; que ceux qu'on avoit intérêt de détruire pour faire perdre la

Réponse.

paragraphe incendiaire des officiers municipaux qui appellent le fanatisme à leur secours; ils veulent montrer la religion catholique outragée dans ses temples, & dans les personnes de ses ministres & des citoyens. Ils ne rougissent pas de proférer, dans une note, ces mots : Les capitaines des compagnies catholiques, & il ne manquoit que ces insinuations perfides, pour consommer cet ouvrage de la calomnie.

Aucune église ni couvent n'a été pillé, saccagé ni détruit. Tous les curés, supérieurs & supérieures des maisons religieuses l'ont attesté dans des certificats qu'ils ont donnés; d'autres ont certifié avoir été reçus chez des protestans comme chez leurs frères. Il s'est commis quelques dégradations dans des couvens; mais n'a-t-on pas provoqué ces désordres? Cette fusillade qui partit des capucins & qui tua le maire de Saint-Côme, ces fameuses tours, que le canon seul put rendre accessibles, placées entre le collége & le cou-

Adresse.

trace d'un procès trop fameux; que ceux qu'il falloit éloigner pour s'arroger tous les pouvoirs; que ceux, enfin, qu'on devoit disperser pour maîtriser les élections du département & du district. Telles sont les causes uniques du massacre du mois de juin. L'anti-patriotisme en fut le prétexte; le desir de dominer, le motif; & la calomnie & le crime, les moyens dont on se servit pour parvenir à ces fins détestables.

Réponse.

vent des Dominicains, où les aggresseurs se refugièrent, n'étoient-ce pas des pièges pour attirer, auprès des lieux saints ou dans des maisons de piété, des hommes égarés par le désespoir? Tous les couvens éloignés des lieux des combats, n'ont-ils pas joui de la plus parfaite tranquillité? L'abbé Cabanel, les Fromens n'avoient-ils pas assez irrité les esprits, comme anti-patriotes déclarés, comme chefs d'un parti funeste, pour que le pillage de leur maison soit plutôt regardé comme une vengeance publique que comme un acte de fanatisme?

Mais les officiers municipaux chargent ce tableau désastreux. Tout leur écrit ne contient que des rapprochemens perfides, que des insinuations funestes, & éloigne avec soin tout ce qui peut éclairer l'opinion. Il faut donc leur rappeler, puisqu'ils parlent des compagnies catholiques, l'histoire de ces mêmes compagnies, qu'ils feignent d'ignorer, & dire, comment il arrive que des catholiques semblent les opprimer.

A l'institution des gardes nationales, les compagnies de celle de Nîmes étoient composées en nombre à-peu-près égal de catholiques & de protestans. Trois mois s'écoulèrent dans cette union, qui confondoit leur sort & leurs intérêts, sans aucune distinction d'opinion.

Froment (1) fut le premier qui, aidé de quelques ec-

(1) Il est aujourd'hui refugié à Turin. *A Turin!*

Réponse.

cléſiaſtiques, oſa former & exécuter le projet de lever de nouvelles compagnies, toutes composées de catholiques. Leur admiſſion dans la garde nationale fut marquée par un acte de violence ſur le conſeil permanent & devint la ſource de nos malheurs. Ces compagnies furent dès-lors le point de ralliement des ennemis de la paix & des fanatiques. La multitude diſtingua, pour la première fois, les citoyens d'un culte différent. Les réglemens de la garde nationale portoient que les officiers ſeroient renouvelés tous les mois; on profita de ce renouvellement pour mettre à la tête de certaines compagnies les perſonnes les plus connues par des ſentimens anti-patriotiques, on dégoûta les proteſtans, on ſéduiſit des catholiques qui avoient des proteſtans pour capitaines, & la garde nationale ſe diviſa alors ſur les intérêts de l'état comme elle tendoit à ſe diviſer pour les opinions religieuſes. Le réglement proviſoire de la municipalité vint achever le mal, en autoriſant cette eſpèce de ſéparation, par le paſſage des volontaires d'une compagnie dans d'autres. Les fanatiques avoient commencé: bien des gens honnêtes, mais faciles, crédules & égarés ſur les principes qui les animoient, imitèrent leur exemple, & l'on vit enfin une milice catholique contre une autre milice où les proteſtans étoient les plus nombreux, parce qu'il n'étoit reſté avec eux que ceux qui, par la fermeté de leurs principes & de leur caractère, étoient inacceſſibles à la ſéduction. Cette première milice commença l'attaque; & parce que les projets de ceux qui l'excitoient ont été renverſés, parce qu'elle a été repouſſée, on veut que la religion ſoit bleſſée & que ſa ſainteté ſoit attaquée dans une défenſe légitime: nous en appelons à vous catholiques, auſſi attachés à votre religion qu'à la liberté, vous qui avez combattu pour elle, en gémiſſant ſur l'erreur de ceux qu'on avoit égarés. Nous en appelons à vous, membres catholiques du corps adminiſtratif, de la garde nationale, parlez, démentez les

Réponse.

insinuations perfides des officiers municipaux qui voudroient prolonger le désordre.

Dites hautement que les premières places des corps administratifs & de la garde nationale, sont occupées par des catholiques, & déclarez si le fanatisme, *le désir de dominer*, & les projets criminels, ont dirigé le parti vainqueur.

Les mêmes principes dirigeront, sans doute, le choix des juges, dont les élections sont très-prochaines, & il n'est pas inutile d'observer que les officiers municipaux ont attendu ce moment pour répandre leur adresse incendiaire.

Ici se rapporte au paragraphe que nous venons de réfuter, une note qu'il est précieux de joindre à l'examen du mémoire de la municipalité, la voici :

Adresse.

Les capitaines des compagnies catholiques, qu'on a représentés dans toute la France comme des anti-patriotes, s'étoient empressés, dès le 14 avril, de venir consigner dans les registres de l'hôtel-de-ville, *qu'ils adhéroient de cœur & d'ame à toutes les fédérations qui auroient pour objet de maintenir la constitution sanctionnée par sa majesté; de faire exécuter les décrets des représentans de la nation; d'assurer la perception des*

Réponse.

Ces capitaines, que la municipalité appelle catholiques, dont elle défend les principes & le patriotisme, qu'elle prend ainsi sous sa protection, ont en effet consigné, le 14 avril, dans les registres de l'hôtel-de-ville la phrase ci-contre. Mais que dira-t-on quand on trouvera dans ces signatures les noms de MM. Michel, Vigne, Folacher, Robin, Froment, Vellut, Melquiond, qui, le 20 avril, c'est-à-dire, six jours après, furent tous commis-

Adresse.	*Réponse.*
impôts ; de réprimer les perturbateurs du repos public ; & pour tout dire en un mot, de donner à toutes les circonstances des preuves non équivoques du patriotisme le plus pur & de leur amour inaltérable pour le meilleur des rois.	saires de la fameuse délibération des Pénitens, & qui, comme tels, ont été mandés à la barre de l'Assemblée nationale : & quand on saura que la plupart des noms réunis aux leurs dans l'acte fait à l'hôtel-de-ville, sont ceux des frères, fils & gendres, parens ou amis de tous les membres du conseil de la commune ? Il est permis, d'après ce rapprochement, de fixer son opinion sur ce que le corps municipal de Nîmes appelle du patriotisme : on trouvera sous le n°. 15 des pièces justificatives la liste de la plupart de ces capitaines catholiques.
Ainsi donc, d'après le refus du procureur du roi de faire entendre les témoins indiqués par les représentans de la commune ; d'après la partialité qu'il a montrée dans cette procédure ; d'après les assassinats & les proscriptions qui ont eu lieu contre ceux qui avoient fait connoître les auteurs des troubles du mois de mai ; d'après les excès récemment commis contre	Toujours de fausses allégations, toujours des inculpations odieuses : magistrats, témoins, citoyens, tout est corrompu dans notre ville : la peur, les promesses, les menaces, la séduction, tout semble mis en usage pour arracher des dépositions aux témoins, ou des actes aux Magistrats ; les seuls officiers municipaux sont au-dessus des passions & des préjugés. Cependant près de 200 té-

Adresse.	*Réponse.*
MM. *Descombiés* & *Vigne*, détenus prisonniers ; d'après l'inquisition exercée à Nîmes contre tout ce qui n'est pas dévoué au club, il est bien évident qu'il est impossible de rien statuer sur l'information faite dans cette ville.	moins ont déposé, il en reste encore autant qui n'ont pas été entendus, & qui, dévoués à la vérité, la porteront, s'il le faut, devant d'autres tribunaux. Un résumé de la procédure sous le n°. 16 des pièces justificatives peut instruire de ce qu'on a déja découvert.
D'ailleurs l'esprit de parti qui a désigné les témoins, l'esprit de prévention ou de crainte qui a dirigé les magistrats, & sur-tout la nécessité que tout témoin puisse déposer avec sureté pour sa personne, exigent que l'information soit recommencée dans une ville, si l'on veut, peu éloignée de Nîmes, mais hors de son département, & dont les habitans & les gardes nationales aient donné l'exemple de la plus parfaite impartialité.	Nous ne pousserons pas plus loin l'examen des officiers municipaux. Il est faux & calomnieux dans tous les points : nous nous dispenserons de les suivre dans les dernières pages, où ils étalent tous les lieux communs de l'éloquence. Pour être persuasive, elle auroit besoin d'être fondée sur des sentimens plus élevés, & sur des faits qui ne blessassent pas à chaque instant la vérité.
	Il n'est peut-être pas inutile de rappeler, avant de

finir, à M. Boyer, substitut du procureur de la commune, une phrase qu'il a écrite & imprimée en cette qualité dans l'assemblée tenue à Nîmes pour la confédération nationale, le 14 juillet 1790, c'est-à-dire, un mois après les troubles de Nîmes. Il disoit à tous les habitans de Nîmes, rassemblés sur l'esplanade :

« Mais, citoyens, que cette fête patriotique ne soit

» pas troublée par d'affligeans souvenirs de haine ou » d'inimitié ; repoussez-les loin de vous avec générosité, » & souvenez-vous désormais que vous êtes trop grands » pour ne pas vous élever au dessus de ces foiblesses hu- » maines.

» Plaignez ceux qui, par un déplorable aveuglement, » n'ont pas craint de lutter contre les loix, ET QUE LEUR » CHUTE MÉRITÉE ne vous fasse point oublier qu'un » VÉRITABLE REPENTIR peut les faire redevenir vos » frères.

» Croyez que le spectacle touchant de votre fédéra- » tion les contraindra de rentrer en eux-mêmes ; croyez » qu'il les forcera d'abjurer de TROP FATALES ERREURS, » & croyez qu'ils viendront bientôt se purifier au feu » de votre civisme.

» Vous les aimerez alors, citoyens, & vous leur déclare- » rez, au nom de la patrie, que vous les regarderez comme » vos frères ; & ils jureront de se joindre à vous par la » plus indissoluble union, pour adhérer à tous les décrets » de l'auguste diète qui vient de régénérer l'empire, & » ils jureront de soutenir avec vous, jusqu'à la dernière » goutte de leur sang, la constitution décrétée par l'Assem- » blée nationale & sanctionnée par le roi.

» *Tels sont les vœux ardens que nous formons.*

Nous demandons à M. Boyer, à qui peuvent s'appliquer ces mots de *chûte méritée*, de *véritable repentir.* Ce n'étoit pas sans doute à ceux qui venoient de sortir d'une lutte, à la vérité pénible, mais victorieuse. Ce n'étoit pas à ceux qui, bien éloignés d'être dans le cas de se repentir, juroient ce jour-là sur l'autel de la patrie de vivre & mourir pour la constitution, dont ils venoient de combattre les ennemis.

C'est le même M. Boyer, qui est l'auteur du mémoire que nous venons de réfuter ; MM. Duroure, Razoux,

Réponse.

Ferrand de Miſſol, Pontier, Fornier & Grelleau, officiers municipaux, au nom deſquels parle M. Boyer, ont ſigné avec leurs collègues, une délibération priſe, le 13 juillet, par le corps municipal (1), & dans laquelle ils déclarent qu'ils ne peuvent que louer & approuver le zèle & le patriotiſme que renferme le requiſitoire de M. Boyer, & que les ſentimens qui y ſont imprimés ſont communs à tous les membres de la municipalité.

Que penſer de ces officiers municipaux qui ſe reſpectent aſſez peu pour ne pas craindre de ſe contredire publiquement juſqu'à ce point ?

D'après les faits prouvés, & que nous venons de retracer, nous invoquons la juſtice la plus ſévère de l'aſſemblée nationale ; & deſirant l'examen le plus rigoureux de notre conduite, nous attendons avec courage notre juſtification du jugement qu'elle prononcera dans ſa ſageſſe.

Signés, Rabaut, junior, *préſident* ; D. Germain, Pierre Frat, Blanc-Paſcal, *ſecrétaires* ; Simon Peſchaire, J. B. Michel, J. Aliſon, P. G. Million, L. Liénard, Caſtanet, *commiſſaires*.

Nota. Les pièces juſtificatives énoncées au préſent mémoire ſeront inceſſamment envoyées au comité des recherches, d'une manière probante, à l'exception néanmoins de celles dont le comité eſt déja nanti, & qui forment les nos 2, 9, 10, 13, 14 & 17.

---

(1) On la trouvera ſous le n°. 17 des pièces juſtificatives.

A PARIS, DE L'IMPRIMERIE NATIONALE. 1790.

PIÈCES JUSTIFICATIVES.

N°. I.

EXTRAIT d'un acte expositif, fait à la requête de M. Blanc-Pascal, secrétaire du Club, à quelques Officiers municipaux.

L'AN mil sept cent quatre-vingt-dix, & le 2 octobre, par nous Charles Martin, &c. soussigné, à la requête du Club des Amis de la Constitution, établi en cette ville de Nîmes, poursuite & diligence de M. Blanc-Pascal, avocat & procureur, l'un des secrétaires du Club, chez lequel domicile est élu, a été exposé à MM. Murjaz, marchand drapier; Vincent Valz, négociant; Gas, marchand de bas; Gaillard, marchand toilier; Lieutier, père, négociant; Laporte, père, menuisier; Aigon, marchand de bois; & Laurens, avocat & procureur, tous officiers municipaux, habitans dudit Nîmes, qu'il a été distribué depuis quelques jours, deux éditions d'une adresse à l'Assemblée nationale, l'une au nom de MM. Duroure, Razoux, Ferrand Demissol, Fornier, Pontier, Grelleau, officiers municipaux, & Boyer, substitut du procureur de la Commune; l'autre au nom de MM. les officiers municipaux de Nîmes. Et comme cette dernière dénomination contient la généralité des officiers municipaux, & qu'il importe au club, qui se trouve atrocement calomnié dans cette adresse, d'avoir connoissance de ceux

115

qui y ont participé, à l'effet de prendre les voies légales pour faire punir les calomniateurs, en exhibant auxdits officiers municipaux ci-dessus dénommés, un exemplaire de chaque édition de la susdite adresse, les avons sommés & requis de déclarer en réponse au présent acte, & dans le délai de vingt-quatre heures au plus tard, au domicile ci-dessus indiqué, *s'ils avouent ou désavouent ladite adresse, leur protestant que leur silence, & le défaut de réponse seront pris pour un désaveu exprès & formel de ladite adresse, qu'en conséquence il sera tiré de ce désaveu les inductions de droit*, leur ayant à chacun baillé copie de cet exploit, en parlant pour le sieur Murjas à lui-même, pour le sieur Vincent Valz à lui-même, pour le sieur Gas à lui-même, pour le sieur Gaillard à lui-même, pour le sieur Laporte à lui-même, pour le sieur Aigon à lui-même, & pour le sieur Laurens à son clerc, trouvé en domicile dans l'intervalle du temps requis; en foi de ce, le clerc dudit sieur Laurens a répondu que celui-ci est absent; que du reste, il est notoire qu'il a donné sa démission d'officier municipal depuis le 14 juin dernier; que conséquemment il ne peut avoir aucune part à l'adresse dont s'agit: requis de signer, a dit n'être nécessaire, Martin, *signé*: contrôlé, Chabaud, *signé*.

No. II.

TABLEAU

Des impositions que payent les membres de la municipalité & du conseil-général de la commune, comparé à celui de leur contribution patriotique (1).

NOMS.	SOMME des impositions.			DATE des contributions patriotiques.	SOMME des contributions patriotiques.		
MESSIEURS.	ll	s	d		ll	s	d
Teissier-Marguerittes, *Maire*	1161	7	6	20 décembre. . . .	5000	0	0
OFFICIERS MUNICIPAUX.							
Murjas, pour lui, son frère et sa mère. .	639	0	0	22 mai	504	0	0
La Baulme.	2000	0	0	10 décembre . . .	2161	5	0
Duroure.	1063	0	0	31 décemb. 1200 ll 28 août sup. 800 ll	2000	0	0
Vincent-Valz. . . .	1358	17	0	11 décembre . . .	4500	0	0
Razoux.	322	16	1	27 février.	300	0	0
Ferrand-Missol. . .	148	18	8	30 décembre. . . .	1200	0	0
Pontier.	260	5	7	Premier mars . . .	1000	0	0
Fornier.	364	18	11	29 décembre. . . .	500	0	0
Gas	30	10	0	21 mai	108	0	0
Gaillard	401	14	0	17 mai	1248	0	0
L'Abbé de Belmont .	624	0	0	. . . .	. . .	. .	. .
Grelleau.	206	0	6	27 avril.	48	0	0
Cabrieres Gardies. .	6	0	0	. . . .	. . .	. .	. .
Lieutier	285	2	4	17 mai	450	0	0

(1) Les notes relatives à l'impofition ont été prifes pour la plupart dans les regiftres des citoyens actifs tenus dans les Affemblées primaires. Plufieurs membres de la Municipalité payent des impofitions dans d'autres lieux que Nîmes. On obfervera que le plus grand nombre des foufcriptions n'ont été faites qu'après le terme du premier paiement, plufieurs après la nomination de la Municipalité, & quelques-uns même après les troubles du 13 juin.

NOMS.	SOMME des Impositions.	DATE des contributions patriotiques.	SOMME des contributions patriotiques.
MESSIEURS.	## s d		## s d
Laporte et son fils.	40 7 0	22 mai	18 0 0
Aygon	114 1 0	30 janvier . . 100 ## 24 sept. sup. . 50 ##	150 0 0
Laurens	462 0 0	19 avril	200 0 0
Vidal, *Procureur de la Commune*	305 4 0	. . . .	. . . . . .
Boyer, *Substitut*	177 6 11	12 juin	9 0 0
NOTABLES.			
Deleuse, a refusé	. . . . . .	. . . .	. . . . . .
Daunant	872 0 0	17 mai	72 0 0
Ginhoux-St-Vincent	529 18 0	7 décembre	2200 0 0
Coste, *Avocat*, a refusé	. . . . . .	14 mai	120 0 0
De Grossier	56 10 0	16 avril	475 0 0
Marignan	640 11 11	26 mai	150 0 0
Bonafoux et son fils	178 1 0	31 mai	216 0 0
Vincent Bruguier	640 15 1	22 janvier	600 0 0
Chassanis	39 9 0	7 septembre 1790	18 0 0
Lenoir	141 19 0	18 février	750 0 0
Mitier, père	203 0 0	13 avril	120 0 0
Corraud, a refusé	624 19 5	21 février	400 0 0
Rouviere, aîné	232 0 0	29 mai	200 0 0
Viers	236 1 0	. . . .	. . . . . .
L'Abbé Cabanel	70 17 6	. . . .	. . . . . .
Donnadille et son fils	338 4 11	19 avril	500 0 0
Gevaudan, a refusé	21 0 0	26 février	621 5 0
Figon	73 1 1	9 septembre	18 0 0
Rey	405 0 0	17 avril	600 0 0
Pheline	178 0 0	22 janvier	300 0 0
Descombiés	592 19 4	19 avril	900 0 0
Castant	261 7 10	19 avril	216 0 0
Blanc	3 10 0	16 août	10 0 0
Mercier	44 0 4	21 avril	36 0 0
Soubeiran	48 2 0	Premier mai	72 0 0
Rigot	104 6 3	22 avril	36 0 0
Antoine Gilles	12 10 0	. . . .	. . . . . .
Baldi, père	18 16 0	. . . .	. . . . . .
Marcon	31 5 6	22 avril	150 0 0
L'Abbé Lapierre	402 1 0	. . . .	. . . . . .
L'Abbé Tempié	169 5 0	19 avril	216 0 0
Cambaceres	26 7 0	22 mai	18 0 0
Briat	16 6 0	. . . .	. . . . . .
Chavanier	204 13 0	. . . .	. . . . . .
Durand	90 13 0	. . . .	. . . . . .
Castinel	. . . . . .	. . . .	. . . . . .

No. III.

Articles extraits du préambule des réglemens imprimés du club des Amis de la Constitution de Nîmes.

Les établissemens de ce genre feront le plus ferme appui de la révolution. Le club, en raffermissant l'opinion publique, facilitera tous les travaux des corps administratifs; il sera toujours le premier à donner l'exemple & le signal de l'applaudissement, quand il verra les magistrats du peuple se vouer sans réserve à leurs honorables fonctions. Un rassemblement d'hommes éclairés, honnêtes, fermes, accordera toujours à des administrateurs vertueux la seule récompense dont ils puissent être jaloux.

Les questions qui auront été ou qui devront être soumises au jugement de l'Assemblée nationale, seront examinées & approfondies par des citoyens qu'elles intéressent toutes directement, & les principes des décrets se développeront & s'affermiront ainsi dans tous les esprits.

Des citoyens que leurs travaux, aussi pénibles qu'utiles, éloignent des affaires publiques, seront éclairés & encouragés par l'établissement de ce club, qui répandra gratuitement des instructions parmi cette classe intéressante & nombreuse.

Une correspondance, avec tous les établissemens de ce genre, augmentera les lumières des membres de cette association, & formera une chaîne d'instructions & de patriotisme dans toutes les parties de la France.

Enfin, l'égalité qui régnera parmi les membres du club, & les égards qu'on y aura pour l'âge, les talens & les ſervices rendus à la patrie, alimenteront dans l'ame des jeunes gens cette émulation patriotique qu'il eſt ſi important de fortifier; & l'on verra ſortir du ſein de ces aſſemblées des hommes dignes de la confiance de leurs concitoyens, & de courir un jour la carrière que leur ouvrira le choix libre de leurs compatriotes.

No. I V.

Pétition préſentée à la municipalité de Nîmes, par le club des Amis de la Conſtitution, le 16 *avril* 1790.

UN grand nombre de citoyens actifs de la ville de Nîmes, amis de la conſtitution qu'ils ont jurée de maintenir au péril de leur vie, prêts à donner l'exemple de leur ſoumiſſion aux ordres des corps adminiſtratifs lorſqu'ils ſeront dans l'eſprit de la loi, mais prêts auſſi à s'oppoſer, par toutes les voies légitimes, à tout ce qui pourroit attaquer la conſtitution & s'écarter de la lettre des décrets, juſtement alarmés des atteintes qui leur ont été portées par le réglement de la municipalité, ſur le fait de la légion nîmoiſe :

Conſidérant que les décrets acceptés ou ſanctionnés par le roi ne donnent aux municipalités aucune autorité ſur le régime des gardes nationales;

Que ces troupes ne ſont tenues d'obéir que ſur les requiſitions des corps adminiſtratifs pour le maintien de la loi;

Que c'eſt aux départemens ſeuls qu'eſt attribué tout ce qui appartient *au ſervice & à l'emploi* des gardes nationales, ainsi qu'il sera réglé par des décrets particuliers (1);

Que la municipalité de Nîmes, ne s'appuyant d'aucun décret pour établir son droit de faire des réglemens pour la légion nîmoise, & de l'y assujétir, semble convenir elle-même de la vérité de ces principes;

Que l'ancien conseil municipal n'a jamais exercé aucune autorité sur la légion;

Que si un petit nombre de membres de l'ancienne municipalité fut admis, par une élection, dans le conseil permanent, ce fut un hommage rendu à la considération personnelle dont ils jouissoient;

Qu'on ne sauroit se dissimuler d'ailleurs que le conseil-général de la commune s'est mépris sur le véritable objet de l'armement des citoyens;

Qu'ils se sont armés pour le maintien de la tranquillité publique & pour la défense des représentans de la nation, lorsqu'ils étoient menacés des violences du despotisme;

Que ces faits sont consignés dans la délibération, dans l'adresse à l'Assemblée nationale, du 20 juillet, & dans la réponse au parlement de Toulouse, insérés dans les procès-verbaux du conseil permanent;

Que les gardes nationales appartiennent, par les décrets & par leur serment, non à une municipalité particulière, mais à la nation entière;

Qu'il n'est permis à aucun corps administratif de les délier de ces obligations, ni de les priver de ces fonctions honorables;

Considérant encore que si la municipalité, en réunissant dans ses mains des pouvoirs incompatibles, a franchi les bornes qui lui sont prescrites; elle n'a pas moins méconnu peut-être les droits de l'homme & du citoyen en exigeant de la légion, des devoirs qui ne lui sont pas imposés par les décrets des législateurs;

---

(1) Sect. 3, art. 1, §. 10 des décrets sur l'établissement des corps administratifs.

Que plusieurs articles de son réglement renferment des dispositions qui pourroient, en opérant une scission, produire un effet contraire au dessein de la municipalité;

Qu'entre autres l'article 5 ajoute à la formule du serment des conditions qui ne sont point prescrites par la loi;

Que l'article 25 est destructeur de toute discipline & de toute subordination; qu'il tendroit à faire prévaloir l'avis d'un petit nombre sur les décisions de la majorité;

Et qu'en rompant tous les liens de la fraternité qui attachent les citoyens à la chose publique, il pourroit livrer sa défense à l'usurpation d'une foible minorité;

Que l'article 28 tend à affoiblir la force publique, en la privant d'un grand nombre de ses soutiens;

Qu'enfin, par l'article 29, un corps administratif, ap avoir, de sa propre autorité, créé des lois pour la légion, s'érige de lui-même en tribunal militaire;

Mais considérant aussi qu'au moment de l'établissement d'un nouveau pouvoir, ceux qui en sont revêtus peuvent facilement se méprendre sur l'étendue de leur autorité & sur le sens des décrets dont l'exécution leur est commise;

Ils viennent avec confiance présenter au corps municipal une pétition respectueuse, tendante à ce qu'il soit sursis à l'exécution de son réglement du 13 avril, jusqu'à ce que l'Assemblée ait prononcé sur sa validité;

Et si, contre l'attente des citoyens, le conseil-général de la commune persistoit à ordonner l'exécution de ce réglement, ces mêmes citoyens se voient dans la nécessité de protester & de déclarer que les officiers municipaux demeureront responsables des événemens.

N°. V.

Pétition des citoyens actifs de la ville de Nîmes, présentée à MM. les officiers municipaux, le 27 avril 1790.

MESSIEURS,

Autorisés par la loi, guidés par l'amour du bien public, nous avons cru satisfaire à l'un de nos devoirs les plus sacrés, en vous communiquant nos inquiétudes sur l'effet de votre réglement pour la légion nîmoise, notre doute sur la légalité de cet acte & notre vœu d'en voir suspendre l'exécution jusqu'à la décision de l'Assemblée nationale. Vous n'avez point eu égard à notre réclamation. Présidés par un membre de l'auguste assemblée qui règle les droits des corps & des citoyens, sans doute vous avez trouvé dans ses lumières une interprétation sûre des décrets : notre attachement à la constitution nous inspiroit la crainte louable de vous voir, par l'ardeur de votre zèle, emportés hors de la sphère de vos pouvoirs ; mais nous trouvons en vous cette sécurité imposante & cette constance inébranlable que peuvent seules donner la justice & la conviction.

Ce n'est plus aujourd'hui, Messieurs, pour porter vos regards sur les bornes de votre administration. C'est pour les fixer au contraire sur des objets importans que vous ne paroissez pas y avoir aperçus, que nous venons vous présenter cette nouvelle pétition. Elle a pour but de concourir à vos vues pacifiques, en vous mettant à même de les remplir.

Votre délibération du 22 de ce mois, qui désavoue un écrit affligeant pour la ville de Nîmes, nous rend bien recommandables vos principes & vos sentimens. Vous y exprimez l'unanimité de vos vœux pour la paix. Vous vous y livrez à la douce confiance d'en avoir été jusqu'à ce jour les heureux témoins, & les gardiens sévères. Eh! quel bon citoyen ne vous rend pas la justice que vous méritez! Nous respectons les motifs qui vous font récrier auprès de la France entière, & du conseil de la Nation, contre les inculpations dont on charge nos concitoyens. Sans doute c'est dans l'intérieur d'une famille que doit rester le secret de sa mésintelligence : mais pour en arrêter le cours, pour en prévenir les effets, il faut que le chef en connoisse à fond & les détails, & les conséquences.

Convaincus du patriotisme de vos intentions, de la sagesse de vos pensées, comme de l'insuffisance de vos démarches, nous croyons de notre devoir de citoyens de ramener sur des libelles qui infectent nos foyers, votre attention fixée sur une brochure publiée à Paris Les cœurs sont divisés, les esprits sont aigris, les troubles se fomentent, & le moment est arrivé, où nouveaux Villars vous devez faire *jurer vos concitoyens, sur l'autel de la concorde, de vivre en amis & en frères.* Que la voix pacifique de quelque nouveau *Bertrand du Luc* se fasse entendre, & que ministre d'un dieu de paix, il calme les craintes d'un peuple alarmé.

Nous portons sous vos yeux une triste lumière : votre sagesse y verra la loi d'un devoir pénible, sans doute, mais nécessaire, mais indispensable.

Plusieurs écrits anonymes que nous mettons sous vos yeux, ayant pour titres : *Pierre Romain aux catholiques de Nîmes ; Charles Sincère à Pierre Romain ; Réponse à la lettre de M. le duc de Melfort ; Français, réveillez-*

vous ; Paul Romain à Pierre Romain, & tant d'autres ; ont annoncé ou fait naître des divisions funestes fondées sur les différences des opinions religieuses, ont cherché à altérer la pureté des principes qui attachent tous les citoyens à la patrie.

Un libelle, intitulé : *Avis important à l'armée françoise*, vient d'être clandestinement répandu parmi les braves soldats du régiment de Guienne, qui l'ont rejeté avec horreur. Production exécrable & insensée qui ne tend pas à moins que de corrompre une armée fidèle, dont le patriotisme éclairé est un des plus fermes appuis de la Constitution, & à tourner contre la Nation même les armes consacrées à sa défense.

Des scènes scandaleuses, des procédures commencées & suivies à la diligence du ministère public, constatent des querelles affligeantes, des attentats prémédités, fruit douloureux de tant d'écrits condamnables.

Une distinction alarmante s'établit entre nos concitoyens ; des qualifications contraires désignent les enfans d'une même patrie, les adorateurs d'un même dieu, des françois & des chrétiens.

Egarés dans leurs principes & dans leurs intentions, quelques légionnaires se permettent de substituer à la cocarde nationale un nouveau signe de ralliement.

Tableau déplorable pour des amis de l'ordre & de la paix, liés à tous leurs concitoyens par les sentimens inaltérables de la plus tendre fraternité, pour de bons patriotes invariablement attachés à la constitution par le serment le plus solennel, soumis aux décrets de l'Assemblée nationale, fidèles à leur Roi, & pénétrés d'amour, d'admiration & de reconnoissance pour ses vertus & ses bienfaits.

Nos principes puisés dans la loi, ne peuvent qu'être applaudis par des administrateurs créés par elle. Vous verrez donc comme nous, Messieurs, avec indignation, qu'un grand nombre de citoyens adoptent sous vos yeux d'autres maximes, les expriment dans des adresses & cherchent à les propager.

Et puisqu'il en existe qui méconnoissent les avantages infinis de la plus belle & de la plus sage de toutes les constitutions, c'est à vous à les en convaincre. Vous leur retracerez les heureux changemens qui en sont déja le fruit pour tout le peuple françois, & sur-tout pour cette classe qu'on égare avec tant de facilité, & qu'on éclaire avec tant de peine, même par le bien qu'on lui fait. Vous l'intéresserez à l'achèvement prochain de la constitution ;

Vous lui direz que le soldat, devenu citoyen & admissible à tous les grades, passe d'une paye insuffisante à un traitement avantageux & justement mérité ;

Vous lui direz que l'artisan trouve, dans la suppression des droits sur les cuirs, sur le fer, sur l'amidon, sur les huiles & savons, & de tant d'autres non moins onéreux, les moyens assurés d'une existence plus commode ;

Vous direz à l'ouvrier que bientôt le commerce, débarrassé de ses entraves, reprendra une nouvelle activité, & que l'abondance du numéraire, favorisée par la circulation des assignats, ramènera certainement la prospérité dans nos fabriques ;

Vous direz à l'agriculteur que le tirage forcé de la milice ne sera plus un impôt pour lui, & une désolation pour sa famille ;

Qu'il ne sentira plus cette contrainte des banalités, ce poids de toutes les servitudes féodales ;

Que dès l'année prochaine l'abolition absolue de l'impôt désastreux de la dîme accroîtra considérablement ses revenus, & la valeur de ses propriétés ;

Vous direz à tous que la suppression de la gabelle, non moins favorable à l'habitant des villes qu'à celui des campagnes, soustrait les familles les plus indigentes à une charge de plus de 12 liv. par année ; charge qu'aucune contribution ne sauroit jamais remplacer pour elles ;

Que tous les priviléges sont anéantis ; que les impositions sont réparties proportionnellement sur tous sans distinction ;

Qu'ils ont acquis le droit de se nommer leurs représentans & leurs magistrats ; d'entrer dans toutes les administrations ;

Que les réformes les plus justes & les plus sévères leur assurent une diminution sensible & prochaine dans les impôts & garantissent une amélioration certaine dans leur existence. Et vous, chef du corps municipal, vous qui, coopérateur des travaux de l'Assemblée nationale, & témoin de son union intime avec un monarque adoré, avez entendu les plus belles paroles qui soient jamais sorties de la bouche d'un roi ; vous qui nous avez retracé d'une manière si touchante ce discours à jamais mémorable qui garantit la constitution, & scelle notre bonheur, ne permettez pas qu'on publie autour de vous, que le restaurateur de la liberté françoise n'est pas libre ; démentez des assertions injurieuses aux représentans de la Nation.

Réunissez votre zèle, administrateurs de la cité ; nous devons vous dire comme de vrais amis de la patrie & de nos concitoyens, que les circonstances exigent aujourd'hui de vous une démarche authentique. Nous la demandons avec cette instance respectueuse que nécessite l'intérêt dont nous nous occupons, & le caractère dont vous êtes revêtus.

Qu'une ordonnance émanée de votre autorité désapprouve ces écrits marqués au coin de la discorde & de l'imposture que nous vous faisons connoître ; que les auteurs des querelles funestes dont nous gémissons soient recherchés & poursuivis ; que ces dénonciations injurieuses qui séparent & outragent les citoyens, soient interdites & punies ; enfin que chacun apprenne à respecter la loi qui le protège, & les biens ſacrés de la ſociété qui font ſon bonheur.

Tous les amis de l'ordre & de la conſtitution attendent, avec la plus vive ſollicitude, ce ſage & juſte exercice de votre autorité. Suivent ici les ſignatures de cent ſoixante-deux citoyens actifs.

N°. VI.

Pétition à MM. les officiers municipaux.

Le 14 mai 1790.

MESSIEURS,

Les citoyens actifs, compoſans le club des amis de la conſtitution, ſont inſtruits que les principales villes du département demandent la tranſlation de l'aſſemblée électorale accordée à Nîmes par les décrets; elles ont pour motif que les mouvemens populaires qui agitent la ville, compromettroient la ſureté de leurs électeurs & la liberté de leurs ſuffrages. Nous croyons devoir aux intérêts de la ville, de mettre ſous les yeux du corps municipal combien il importe d'arrêter promptement l'effet de ces démarches: il ne peut y parvenir avec certitude qu'en rendant la ſécurité à tous les eſprits par des meſures rigoureuſes & publiques, pour aſſurer dans nos murs l'ordre & la tranquillité. Au mépris des ordonnances, au mépris des conventions générales, qui font la force de la légion, il eſt de toute notoriété qu'il ſe fabrique depuis pluſieurs ſemaines des fourches dans divers ateliers, & notamment chez le sieur Cœffé, serrurier, demeurant dans la rue du Cyprès; armes perfides & prohibées, qui se transportent en plein jour par centaines. On assure en outre que malgré votre ordonnance qui interdit toute autre cocarde que la nationale, il s'en prépare un grand nombre de noires surmontées de croix blanches. D'après des faits & des bruits semblables, il n'est point étonnant que les étrangers craignent pour leur sureté dans nos murs. Nous vous dénonçons, Messieurs, cet événement qui ne peut que faire présumer de coupables desseins, & qui est une infraction manifeste à la loi. Animés par l'intérêt général de cette ville, & sur-tout de la classe indigente de ses habitans, qui trouvera dans le séjour de cinq cents électeurs, des ressources nouvelles & si précieuses dans ces circonstances, nous ne doutons point que nos administrateurs n'accueillent avec intérêt l'avis que nous leur donnons, & n'emploient toute leur autorité pour faire cesser les causes d'une alarme générale, aussi fondée que son effet nous seroit funeste. La multiplicité des travaux auxquels le corps municipal se livre, donne le droit aux bons citoyens de l'avertir de tout ce qui pourroit avoir échappé à ses soins, & leur permet de compter sur sa reconnoissance.

N°. VII.

Déclaration faite par M. Aubary, au sujet des cocardes noires.

PASSANT chez un de mes amis, nommé Gay, son épouse me dit qu'on venoit de lui dire qu'il se fabriquoit des cocardes noires avec une croix blanche chez le sieur Veissière, près l'horloge.

Mon frère, résidant à Avignon depuis plusieurs années, se trouvoit avec moi dans ce moment, il devoit repartir le lendemain, & témoigna le desir d'emporter par curiosité une de ces cocardes. En effet, le lendemain matin, mon frère dit à mon commis, nommé Avit, d'aller lui en chercher une à l'adresse qu'on m'avoit indiquée. Il fut chez le sieur Veissière, & parlant à lui-même, lui demanda s'il avoit des cocardes noires de faites : il lui répondit qu'ouï. N'en avez-vous pas, reprit-il, comme celles *qui se fabriquent à présent*, en faisant sur sa main le signe d'une croix? Le sieur Veissière lui répondit qu'il alloit être servi, & il lui en fit une tout de suite, qu'il lui remit moyennant dix sous & demi. Le commis la porta à mon frère. Celui-ci avoit des affaires chez M. J. André; nous y fûmes ensemble, & dans la conversation lui fîmes voir cette cocarde. Dans le moment M. Vincent Valz, officier municipal, entra chez M. André, & voyant cette cocarde, nous demanda comment nous nous l'étions procurée : je le lui contai de la même manière dont je l'atteste ici.

Signé, AUBARY.

No. VIII.

Extrait d'acte expositif.

L'AN mil sept cent quatre-vingt dix, & le vingt-unième jour du mois de septembre, par nous Antoine Mourgue, huissier royal à l'amirauté d'Aigues-Mortes, habitant à Nîmes, soussigné à la requête de sieur Jean Pons, bourgeois, habitant de la ville de Nîmes où il a domicile, a été exposé au sieur Bedincq, secrétaire-greffier de la commune dudit Nîmes, qu'il ne peut disconvenir que depuis

depuis environ les 15 ou 20 avril 1790, ledit ſieur Pons a été fréquemment & preſque journellement devers le greffe de la municipalité, non-ſeulement en ſa qualité de citoyen actif, mais encore, comme commiſſaire du club des amis de la conſtitution, établi en cette ville, pour vérifier tout ce qui pouvoit intéreſſer les citoyens de la ville, relativement à l'adminiſtration de la municipalité, & du conſeil général de la commune; que, dans toutes les occaſions, ledit ſieur Pons a agi avec honnêteté & modération, ce qui a été réciproque de la part du ſieur Berdincq, & de celles de ſes commis: cependant on a répandu le contraire; & comme il importe audit ſieur Pons, & au club des amis de la conſtitution, de manifeſter avec authenticité la vérité, ledit ſieur Berdincq eſt ſommé & requis, de déclarer en réponſe au préſent acte, s'il n'eſt vrai; 1°. que ledit ſieur Pons a été conſtamment l'un des commiſſaires du club des amis de la conſtitution, pour vérifier les regiſtres de la municipalité; 2°. ſi chaque fois il n'a été obſervé, que ſi aucun deſdits regiſtres étoit occupé, on attendroit qu'ils fuſſent libres; 3°. ſi en effet aucun deſdits regiſtres n'a été vérifié qu'autant qu'ils étoient parfaitement libres; 4°. ſi chaque fois, ou du moins preſque toujours, ledit ſieur Pons n'a fait les vérifications, en ſe tenant debout, appuyé ſur un étage où ſont placés les regiſtres du compoix, malgré qu'il fût preſſé de prendre place à l'un des bureaux du greffe, à quoi il ſe refuſoit, crainte de porter la moindre incommodité; 5°. enfin, s'il n'eſt faux que ledit ſieur Pons ait détenu aucun regiſtre, non plus qu'aucun autre commiſſaire, quoique les officiers municipaux ou les greffiers en euſſent beſoin; & en refus ou défaut par ledit ſieur Berdincq de répondre ſur chacun deſdits faits, il lui eſt proteſté, qu'il ſera actionné en juſtice pour s'y voir condamner, lui ayant baillé copie de cet exploit en parlant à lui-même dans l'un des bureaux du greffe de la maison commune; en foi de ce, lequel en recevant copie, a répondu, qu'ami de la vérité & voulant lui rendre hommage, il s'empresse de déclarer authentiquement que les cinq faits articulés dans l'acte qui lui est signifié, sont de toute sincérité, requis de signer, ce qu'il a fait. Berdincq & Mourgue, *signés*. Contrôlé à Nîmes, le 24 septembre 1790; douze sols neuf deniers. Chabaud, *signé*.

N°. IX.

PREMIÈRE PIÈCE.

Extrait d'une délibération du district de Sommières.

L'AN mil sept cent quatre-vingt-dix, & le vingt-cinquième jour du mois de mai après midi, dans la salle de l'hôtel-de-ville de la ville de Sommières.

Les divers cantons du district de ladite ville assemblés par députés, en présence de M. de Roux, son maire, nommé président par acclamation, ayant pris en considération les troubles qui agitent quelques cantons du département du Gard, & principalement Nîmes, où les ennemis de la paix & du bien public s'efforcent d'arrêter les effets de l'heureuse révolution, d'où la France attend son bonheur & sa régénération;

Considérant que ces ennemis du bien public font mouvoir les perfides ressorts du fanatisme pour exciter une guerre civile, & parvenir par ce moyen odieux à leurs détestables fins;

Considérant qu'ils affectent de vouloir faire une guerre de religion, de ce qui, dans le fait, n'est que le choc de l'intérêt particulier qui lutte contre le bien public, & que cette révolution, d'où dépend le salut de l'état, est défendue par tous les bons François ;

Considérant que dans la ville de Nîmes existe ce foyer de fanatisme, que l'aristocratie seule met en jeu, & que cependant c'est actuellement le rendez-vous des électeurs désignés par l'Assemblée nationale pour la formation du département ;

Considérant combien cette Assemblée, dans cette circonstance, pourroit être troublée dans ses opérations, soit pour la liberté des suffrages, soit pour sa sureté individuelle.

L'Assemblée, ayant pris ces différens objets en mûre considération, & voyant le danger que courent ses électeurs, en se rendant dans une ville où le désordre qui y règne, annonce la présence indubitable d'un grand nombre de mauvais citoyens, a unanimement délibéré de former un cantonnement dans les environs du territoire de Nîmes pendant la durée de l'assemblée des électeurs, à l'effet de veiller à la sureté de ses députés, dont la conservation leur est chère ; & pour assurer la pleine liberté des élections, que des mal-intentionnés pourroient troubler.

L'Assemblée du district a délibéré d'inviter tous les districts du département du Gard, de prendre en considération la conduite du district de Sommières, persuadé que liés par les mêmes intérêts, ils prendront, dans cette circonstance & à son exemple, les moyens que leur prudence & leur sagesse leur suggéreront.

A délibéré que le quartier général seroit établi à Boissières, & les cantonnemens dans les villages circonvoisins ; que sur le rapport fait à M. de Bonnafoux, général de l'armée du district, par les commissaires ci-après nommés; des renseignemens qu'ils auront sur la quantité des gardes nationales, que les villages qui environnent Boissières, pourront contenir, il sera autorisé à déterminer ce cantonnement, & en fixera l'époque au quatre du mois de juin prochain, pour tenir jusqu'à l'installation du département.

La même assemblée a choisi dans chacun de ses cantons deux commissaires, à l'effet de prendre des renseignemens dans les villages qui avoisinent Boissières, sur la quantité des gardes nationales que l'armée du district peut y cantonner, & pour ensuite faire le rapport au général, qui sera chargé desdits cantonnemens; & a nommé pour cet effet; pour le canton de Sommières, M. le Prieur, maire d'Aujargues, & Louis-Valentin, bourgeois de Junas; pour le canton de Calvisson, MM. Mazoyer de Bizac, & Nourit, père, de Congeniés; pour le canton de St. Mamert, MM. Brouve & Valord de Combas; pour le canton de Quissac, MM. Aldebert de Liou & Jalaguier, notaire de Quissac; & pour le canton d'Aigue-vives, MM. Granon, procureur de la commune dudit Aigue-vives, & Bruneton, procureur de la commune du grand Gallargues.

Arrête en outre, que la présente délibération sera imprimée, qu'extrait en forme en sera envoyé aux augustes représentans de la Nation, comme un hommage du respect du district qui n'oseroit se permettre aucune démarche sans leur faire connoître la pureté de ses principes, qui ne tendent qu'à assurer l'exécution de leurs décrets, sanctionnés ou acceptés par le roi.

SECONDE PIÈCE.

Extrait d'une proclamation du corps municipal de Nîmes, du 31 mai 1790.

Le corps municipal, toujours religieux obfervateur du ferment civique qu'il a prêté, & fans ceffe occupé à maintenir la concorde & la paix, & à faire exécuter les décrets de l'Affemblée nationale;

Confidérant que la délibération, prife le 25 de ce mois par le diftrict de Sommières, pourroit porter atteinte à ces décrets, & au calme qui a fuccédé aux orages du deux & du trois de ce mois;

Qu'il eft de fon devoir de prévenir les inconvéniens qu'elle feroit naître, fi elle infpiroit des craintes dans les différens lieux du département où elle a été envoyée;

Que cette délibération femble contrarier les vues & les principes de l'Affemblée nationale.

Ses vues, parce qu'en mettant des entraves à l'Affemblée électorale, elle éloignera la formation du département, & retardera en conféquence les progrès de la conftitution.

Ses principes, parce qu'ils ont toujours été que les repréfentans du peuple, comme les repréfentans de la Nation, foient parfaitement libres dans leurs fuffrages, ce qui ne fauroit être à la vue d'un camp qui peut les inquiéter, *comme celui de Verfailles*, diffipé par le courage héroïque de nos repréfentans, inquiétoit l'Affemblée nationale.

Confidérant enfin que, d'après les difpofitions du diftrict de Sommières, il ne faudroit qu'une fauffe alarme ou un faux rapport, donné ou fait par quelque homme méchant ou inconfidéré, pour attirer à Nîmes

135

les troupes du camp de Boissières & des cantonnemens établis dans les villages des environs.

Le corps municipal a délibéré de faire imprimer & publier la présente proclamation, d'en adresser un extrait à M. le président de l'Assemblée nationale, & de le supplier de la mettre sous les yeux de cette auguste Assemblée, pour lui donner connoissance de la démarche que vient de faire le district de Sommières.

D'en envoyer d'autres extraits à M. *du Roux*, maire de Sommiètes, à M. *Legrand*, prieur & maire d'Aujargues, président & commissaire, nommés par la délibération, & à M. *de Bonnafoux*, général du camp de Boissières, & de leur déclarer, ainsi qu'à tous ceux qui peuvent composer ce camp ou tous autres, *que le corps municipal les rend personnellement responsables des événemens.*

Défend à tous ceux qui feront partie du camp de Boissières & autres, de paroître armés ou attroupés pendant la tenue de l'assemblée électorale, ni dans aucun autre temps, sur le territoire de la municipalité de Nîmes, *sous peine d'être poursuivis comme perturbateurs du repos public.*

Et pour empêcher qu'on puisse dire que les citoyens de Nîmes ont provoqué la venue des gens armés du camp de Boissières & des cantonnemens, le corps municipal fait très-expresse défense à tous les citoyens, quels qu'ils puissent être, autres que ceux requis pour les patrouilles ordinaires, de paroître en armes dans aucun endroit de la ville ni du territoire de la municipalité de Nîmes.

Prend d'hors & déja MM. les électeurs sous sa sauvegarde spéciale, & leur promet d'employer tous les moyens qui seront en son pouvoir pour rendre leurs personnes inviolables.

Exhorte tous les citoyens à leur prouver par leurs

attentions, que personne ne desire plus vivement qu'eux, de conserver la paix & la concorde, de vivre en frères & de contribuer à faire exécuter promptement les décrets de l'Assemblée nationale, sanctionnés par le Roi.

TROISIÈME PIÈCE.

Extrait d'une délibération du district de Sommières, département du Gard.

L'AN mil sept cent quatre-vingt-dix, & le troisième juin après midi, dans la maison commune de la ville de Sommières, les députés des différens cantons du district de ladite ville, département du Gard, y étant assemblés, en présence & sous la présidence de M. de Roux, maire de la même ville, à l'effet de nommer un conseil, & pour diriger le cantonnement déterminé par sa délibération du vingt-cinq mai dernier, pour le quatre du courant, aux environs de Boissières, dans notre district, & pourvoir à la subsistance des gardes nationales qui doivent s'y trouver, MM. de Roux, président, Puech & Legrand, commissaires nommés, ont remis sur le bureau une proclamation du corps municipal de la ville de Nîmes, en date du 31 dudit mois de mai, & plusieurs lettres de différens districts du département, requérant de délibérer.

Sur quoi l'Assemblée, après en avoir entendu lecture, considérant que la municipalité de Nîmes a donné à la délibération prise le 25 mai par le district, une interprétation contraire à la pureté de ses principes, & des sentimens de fraternité qui l'animent ;

Considérant que, bien loin de porter atteinte aux décrets de l'Assemblée nationale, comme la susdite proclamation le donne à entendre, le diſtrict de Sommières n'a eu d'autre but que d'en aſſurer l'exécution, & de prévenir les orages dont l'aſſemblée des électeurs lui paroiſſoit menacée;

Conſidérant que, bien loin de contrarier les vues & les principes de l'Aſſemblée nationale, il n'a tenu, par ſa délibération, qu'à les ſeconder de tout ſon pouvoir, & que c'eſt la mal ſaiſir, que d'y trouver l'intention ſeulement apparente de mettre des entraves à l'aſſemblée des électeurs, & de gêner la liberté des ſuffrages;

Conſidérant que le cantonnement patriotique du diſtrict ne ſauroit ſouffrir la comparaiſon que le corps municipal de Nîmes ſe permet d'en faire avec le camp de Verſailles, raſſemblé par les ennemis du bien public;

Conſidérant qu'on ne peut prêter au diſtrict d'autres diſpoſitions que celles de concourir, avec les municipalités du département, à la liberté des ſuffrages & à la ſureté de l'aſſemblée des électeurs;

Conſidérant que l'Aſſemblée nationale ne ſauroit improuver une démarche qui ne tend qu'à la prompte exécution de ſes décrets, & qui correſpond parfaitement avec les intentions que le corps municipal de Nîmes manifeſte aujourd'hui dans ſa proclamation;

Conſidérant que, dans un moment où la ville de Nîmes devient commune à tout le département, les amis de la choſe publique ne ſauroient être arrêtés dans leur zèle à ramener l'ordre & la paix dans les lieux d'où les ennemis du bien public s'efforceroient de les bannir;

Conſidérant que, dans un cas ſemblable, il ſeroit bien étonnant que la municipalité de Nîmes voulût exécuter la défenſe & les menaces de pourſuivre, comme perturbateurs du repos public, ceux du cantonnement de Boiſſières & autres qui paroîtroient armés dans leur territoire, pour ſeconder le deſir du corps municipal ou de l'assemblée des électeurs, de maintenir la concorde & la paix, & pour les y rétablir en cas que les ennemis du bien public parvinssent à la troubler;

Considérant que le corps municipal de Nîmes auroit mieux jugé les sentimens fraternels du district, s'il n'avoit apperçu, dans la démarche d'établir un cantonnement à Boissières, que le desir de voir réaliser sans obstacles une réunion qui avoit fait l'objet de ses réclamations à l'Assemblée nationale, & de cimenter toujours plus avec les bons patriotes de la ville de Nîmes, cette alliance contractée avec eux par le chef-lieu de notre district, au mois de juillet dernier, dont le souvenir ne s'effacera jamais de nos cœurs, & dont les devoirs nous seront toujours sacrés;

Considérant que le corps municipal de Nîmes ne se seroit pas élevé contre la démarche du district de Sommières, s'il avoit fait attention :

1°. Que les désordres dont la ville de Nîmes a été le théâtre, sont trop notoires & trop affligeans, pour que le district négligeât aucun des moyens qui lui paroissoient propres à prévenir de nouveaux troubles:

2°. Que le silence de la municipalité de Nîmes, sur des écrits incendiaires fabriqués dans cette ville, distribués dans la province & dans presque toutes les villes du royaume, devoient nécessairement laisser le district de Sommières dans la persuasion, qu'en partageant l'indignation générale, qui, de toutes parts, a éclaté contre ces écrits scandaleux, la municipalité de Nîmes n'osoit faire usage de son autorité contre ceux de ses concitoyens, qui, abusant de la crédulité d'un peuple nombreux, vouloient faire d'une religion de paix le prétexte d'une guerre civile.

3°. Que le district avoit été confirmé dans cette idée, par la requisition du sieur Vidal, procureur de la commune de Nîmes, & la délibération du conſeil-général de ladite commune, en date du treize mai dernier, qui avoit été envoyée aux municipalités, dans leſquelles on annonce « comme rompus, les liens qui » uniſſoient jadis les habitans de la même cité, une » ligue formée dans la vue de croiſer les opérations, » laſſer la vigilance, calomnier les principes, même » le bien que la municipalité devoit faire; l'envie » perdant de vue le reſpect dû à ſes intentions, à ſes » diſcours & à ſes démarches; des citoyens ſans défenſe, » attaqués par des hommes armés, la ſureté publique » violée, le ſang répandu, la crainte & la conſternation » peintes ſur tous les fronts, le flambeau de la guerre » civile allumé, l'eſpoir de voir dévoiler des myſtères » affreux aux yeux de l'Europe; des factieux, des » complots, des machinations, des conſpirations dé» noncées à M. le procureur du roi, à la ſénéchauſſée, » &c. »

4°. Que d'après ces récits affligeans, le diſtrict de Sommières devoit néceſſairement partager les craintes que les citoyens de Nîmes éprouvèrent dans les journées des deux & trois mai, dont la municipalité ſur la requiſition de quelques chefs de la milice nationale, ſut prévenir les ſuites comme elle auroit infailliblement prévenu le placard par lequel les amis de la conſtitution étoient menacés, ſi l'importance & le nombre de ſes occupations ne lui en avoient dérobé la connoiſſance, lors même que ce placard étoit déja dépoſé au greffe criminel.

5°. Que le diſtrict de Sommières, qui ne pouvoit ſe diſſimuler l'exiſtence d'un fait qui avoit échappé à l'œil clairvoyant du corps municipal de Nîmes, auroit cru manquer eſſentiellement, en négligeant les précautions qui lui étoient ſuggérées par ſon patriotiſme, pour épargner à ce corps reſpectable la douleur qu'il n'auroit pas manqué de ressentir, si, à l'époque de l'assemblée du département, & à son insçu, les ennemis du bien public avoient tenté d'exécuter leurs menaces & fait de nouveaux efforts pour troubler la tranquillité publique, élever des obstacles à l'exécution des décrets, & compromettre ainsi (toujours à l'insçu du corps municipal de Nîmes) la sureté des électeurs.

Considérant enfin, qu'il ne falloit rien moins que la promesse de MM les commissaires du roi à MM. les officiers municipaux de la ville de Saint-Esprit, de transférer l'assemblée en cas de trouble, & l'assurance que le corps municipal de Nîmes nous donne des mesures qu'il a prises, propres à nous tranquilliser sur les électeurs & la liberté de leurs opérations, pour suspendre les craintes du district de Sommières, qui lui avoient fait prendre des précautions qui tendoient à la même fin.

Toutes ces considérations mûrement pesées, l'assemblée, ne doutant pas de l'influence du corps municipal sur l'esprit des habitans de la ville de Nîmes, & du succès des moyens qu'il se propose de mettre en œuvre pour prévenir de nouveaux désordres, pénétrée des sentimens de fraternité, a unanimement délibéré :

Que, sans se départir des dispositions où est le district de Sommières de transporter ses forces par-tout où le désordre les rendroit nécessaires à la tranquillité publique sur les requisitions légales, il renonce au cantonnement projeté aux environs de Boissières, & que, comme en cas d'évènement, il ne sera pas à portée de donner un secours aussi prompt qu'il le desireroit, les délibérans *rendent la municipalité de Nîmes garante & responsable de tous ceux que le cantonnement du district de Sommières, de concert avec elle, avoit en vue de prévenir;*

Délibère, en outre, que la présente sera imprimée;

qu'extrait en forme en fera envoyé à M. le président de l'Assemblée nationale, à la municipalité de Nîmes, à M. Bonnafoux, général de l'armée du district, & partout où besoin sera, pour justifier auprès de cette auguste assemblée la conduite du district de Sommières, & effacer les impressions défavorables qu'on auroit pu donner à une démarche dictée par le plus pur patriotisme, & donne pouvoir aux commissaires nommés par sa délibération du vingt-cinq mai dernier, de donner cours aux exemplaires.

N°. X.

Extrait d'une délibération du 17 mai, prise dans le conseil-général de la commune de Nîmes.

MONSIEUR de Labaulme, officier municipal, ayant le dévolu, a dit :

« Si dans ces momens difficiles, une dénonciation » étoit permise à des citoyens appelés à la tête d'une » commune importante par le choix libre de leurs con- » citoyens, seul dédommagement des peines dont leur » carrière est parsemée, ils vous dénonceroient, NOS- » SEIGNEURS, un club qui entretient dans nos murs » un foyer de division & de discorde; un club qui, » sous l'honorable nom d'ami de la constitution, en » sappe les fondemens, puisqu'il réunit tous ses efforts » pour troubler la paix & armer les citoyens les uns » contre les autres; un club dont la plupart des mem- » bres ayant vainement concouru pour les places d'of- » ficiers municipaux, exhalent leur injuste haine par

» des écrits, dans lesquels la réputation des hommes
» les plus honnêtes se trouve compromise ; un club
» qui, cherchant moins à surveiller la municipalité qu'à
» l'inquiéter, vient de lui dénoncer des cocardes noires,
» qu'un membre de ce club, qui a signé la pétition
» avoit seul commandées ; un club, enfin, dont plu-
» sieurs d'entre ceux qui le composent sont grièvement
» inculpés dans les émeutes des deux & trois de ce
» mois. Voilà des faits, NOSSEIGNEURS, qui doi-
» vent déja avoir été mis sous vos yeux, & qu'il est
» facile de justifier par les preuves que nous possédons.

Extrait de verbal d'aveu d'une lettre missive.

L'AN mil sept cent quatre-vingt-dix & le samedi vingt-cinquième jour du mois de septembre, heure de neuf du matin, pardevant nous Jean-Louis Fornier-Meyrard, conseiller du roi, juge magistrat en la sénéchaussée & siége présidial de Nîmes, exerçant le dévolu dans notre hôtel, assisté de Dominique Nicolas, greffier en la cour duement assermenté :

Est comparu Blanc-Pascal, procureur au siége, faisant pour le sieur Rabaut Dupuy, bourgeois de cette ville, agissant en qualité de président du club des amis de la constitution établi dans cette ville, qui a dit : que par exploit du jour d'hier de Mourgues, huissier, contrôlé, sadite partie a fait assigner pardevant nous aux présens jour, lieu & heure, M. de Labaulme, chevalier de St Louis, & officier municipal dudit Nîmes, pour faire l'aveu de la lettre par lui écrite le quatre juillet dernier au président du susdit club, requérant qu'il nous plaise, &c.

Suit la teneur de ladite lettre : « Monsieur le pré-
» sident, profondément affecté de ce qui s'est passé chez

» moi le mardi quinze juin dernier au sujet d'une lettre » de M. le Maire d'Arles, adressée à Messieurs du club ; » instruit que je devois être assigné, je crus devoir différer, après, jusqu'à ma déposition, d'avoir l'honneur de » vous rendre compte des faits qui y sont énoncés ; je » déposai jeudi dernier, & de suite je m'empressai de » me rendre à la salle du club, où j'appris qu'il n'y » avoit point d'assemblée ; je me flattois d'avoir l'honneur de m'y présenter aujourd'hui ; mais comme d'après vos réglemens, on ne peut parler à l'assemblée » que par l'organe de son président, j'ose me flatter, » Monsieur, que vous voudrez bien agréer & faire » agréer mes justes regrets sur un évènement malheureux auquel je suis entièrement étranger : *j'y ai* » *été d'autant plus sensible, qu'il pouvoit me compromettre auprès de ceux de mes concitoyens les plus distingués par leurs lumières & leur patriotisme, & dont* » *je ne cesserai jamais d'ambitionner l'estime & la bienveillance.* J'ai l'honneur d'être avec respect, Monsieur » le président, votre très-humble & très-obéissant serviteur, Labaulme, *signé*. Nîmes, ce dimanche 4 juillet » 1790. »

N°. X I.

Liste des personnes à administrer en témoins, en exécution de la délibération du conseil-général de la commune du 13 mai 1790, dont un extrait est au pouvoir de M. le procureur du Roi en la sénéchaussée & siége présidial de Nîmes, avec la dénonciation portée par ladite délibération.

MESSIEURS

Lacoste, père, Négociant.
Henri Lacoste.
Lacoste, fils, Capitaine de la Légion.
Vampère, Greffier au bureau des hypothèques.
De Gueydon, Capitaine de Vaisseau.
Turion, Commis au Greffe.
Chabaud, Commis au Contrôle.
Castant, Officier de la Légion.
Melquion l'aîné, Négociant.
Celse, Négociant.
Charles, fils, Négociant.
Le P. Royer, Recteur du Séminaire.
Cœffé, Maître Serrurier, rue du Cyprès.
Maréchal, Maître Perruquier.
De Salignac-Fénélon, Lieutenant de la compagnie de la Garlière, régiment de Guienne.
Lahaye, Maître Perruquier.
Lahaye, neveu, Maître Perruquier.
Labry, Maître Sellier.
Les demoiselles Magdelon Bouschet, faiseuses de modes.

Roſe Tellier, femme du ſieur Fouquet, Peintre.
Françoiſe Bonijoly, couturière de bas.

Par moi, procureur de la commune, ſouſſigné, en exécution du mandat porté par la ſuſdite délibération, ſans préjudice d'additionner. A Nîmes, ce 8 juin 1790. *Signé*, VIDAL.

L'AN mil ſept cent quatre-vingt-dix, & le dixième jour du mois de juin, avant & après midi, par nous, Pierre Giſquet, huiſſier-audiencier au préſidial de Nîmes, y habitant, ſouſſigné: du mandement de M. le procureur du roi en la ſénéchauſſée & ſiége préſidial de Nîmes, où il a domicile en ſon hôtel, aſſignation a été donnée au ſieur Lacoſte, père, négociant, parlant à lui-même; au ſieur Henri Lacoſte, parlant à lui-même; au ſieur Lacoſte, fils, capitaine de la légion, parlant à lui-même; à M. de Gueydon, capitaine de vaiſſeau, parlant à lui-même; au ſieur Vampère, greffier au bureau des hypothèques, parlant à lui-même; au ſieur Turion, commis au greffe, parlant à lui-même; au ſieur Chabaud, commis au contrôle, parlant à lui-même; au ſieur Caſtant, officier de la légion, parlant à lui-même; au ſieur Melquion l'aîné, négociant, parlant à lui-même; au ſieur Celſe, négociant, parlant à lui-même; au ſieur Charles le fils, parlant à lui-même; au R. P. Royer, recteur du ſéminaire, parlant à lui-même; au ſieur Cœffé, maître ſerrurier, parlant à lui-même; au ſieur Maréchal, maître perruquier, parlant à lui-même; à M. de Salignac-Fenélon, lieutenant de la compagnie de la Garlière, régiment de Guienne, parlant à lui-même; au ſieur Lahaye, maître perruquier, parlant à lui-même; au ſieur Lahaye, neveu, maître perruquier, parlant à lui-même; au ſieur Labry, maître ſellier, parlant à lui-même; à la demoiſelle Magdelon Bouſchet,

faiſeuſe

faiſeuſe de modes, parlant à elle-même; à demoiſelle Roſe Tellier, femme du ſieur Fouquet, peintre, parlant à elle-même; & à la demoiſelle Françoiſe Bonijoly, couturière de bas, parlant à elle-même; tous habitans de cette ville de Nîmes, à comparoir: ſavoir; les ſept premiers, cejourd'hui, heure de deux après midi; les ſept ſuivans, demain, vendredi, à la même heure, & les ſept derniers, ſamedi prochain, à la ſuſdite heure de deux, pardevant & dans l'hôtel, & pardevant M. Fajon, lieutenant-général criminel en ladite ſénéchauſſée & ſiége préſidial, pour dépoſer vérité ſur ce qu'ils ſeront interrogés, à peine de l'amende de dix livres, ſuivant l'ordonnance, & leur ai à chacun baillé copie, en parlant comme devant, trouvés en domicile. En foi de ce, *ſigné*, GISQUET.

N°. XII.

Verbal de quelques officiers municipaux, qui conſtate l'enlèvement des drapeaux rouges, par les légionnaires portans des houppes rouges.

DU mardi 15 juin 1790; nous, Ferrand-Demiſſol & Pontier, officiers municipaux, inſtruits dans la maiſon-commune, qu'il ſe formoit une émeute au-devant de l'évêché, dimanche dernier ſur les ſix heures du ſoir, nous nous y ſommes tranſportés, laiſſant M. l'abbé de Belmont, autre officier municipal, ſeul; lequel auroit été contraint, par les légionnaires de garde, à proclamer la loi martiale, & à ſortir le drapeau rouge; ce qu'ayant fait, le drapeau lui avoit été enlevé par des légionnaires portant des poufs rouges, ainſi qu'il nous a été dit; & nous, officiers municipaux susdits, ayant aussi été conduits à proclamer le même soir la loi martiale, le second drapeau nous auroit encore été enlevé le long des remparts, auprès de la porte des Carmes, par les mêmes légionnaires retranchés sur les remparts & dans la tour, ce qui nous auroit conduits, le trouble augmentant, à faire faire deux autres drapeaux rouges, par le sieur Verdoin, tapissier, le jour d'hier; à continuer la proclamation de la loi matriale dans toutes les rues, & à placer l'un des drapeaux neufs sur le balcon de la maison-commune; de quoi nous avons dressé procès-verbal, cejourd'hui, & nous sommes signés: *Ferrand-Demissol, Pontier*, officiers municipaux; *signés à l'original.*

N°. XIII.

Noms de la plupart des officiers catholiques, qui ont signé le procès-verbal cité par la municipalité de Nîmes.

MESSIEURS

François Froment, receveur du chapitre, décrété de prise de corps, réfugié à Turin.

Thomas Froment, décrété de prise de corps.

Froment, dit *Tapage*, leur frère aîné, accusé d'avoir assassiné un Grenadier de Guienne, le 3 mai; 15 témoins l'ayant déposé, & le procureur du roi a requis un décret au corps contre ledit Froment.

Pierre Froment, décrété de prise de corps, tué dans les tours.

Descombiés, notable, décrété de pris de corps.

Vigne, décrété de prise de corps, & mandé à la barre.

Michel, conseiller au présidial, mandé à la barre.

Pontier, fils d'un officier municipal.

Velut, mandé à la barre.

Genton, parent du procureur de la commune, & logé chez lui.

Folacher, décrété de prise de corps, mandé à la barre, & un des agens du camp de Jalès.

Lami, décrété de prise de corps.

Rigaud, notable, officier d'une compagnie à pouf rouge.

Chavanier, notable, *idem*.

Jauffret de Tacat, beau-frère de M. Grelleau, officier municipal, officier d'nne compagnie catholique de la banlieue.

Melquion aîné, officier d'une compagnie à pouf rouge, mandé à la barre.

Celse Melquion &
Louis Melquion, } frères du précédent.

Bosquier, beau-frère de M. Laurens, officier municipal, officier d'une compagnie à pouf rouge.

Robin, mandé à la barre, officier d'une compagnie à pouf rouge.

Castan, fils d'un notable, officier d'une compagnie catholique de la banlieue.

De la Reyranglade, mandé à la barre.

Il est bon d'observer que le 23 mai la municipalité nomma pour adjoints aux procédures criminelles, le président & la plupart des commissaires de la délibération des pénitens qui, à cette époque, étoient dénoncés de toute part, comme pertubateurs du repos public.

Peu de tems après, elle les nomma encore *prud'hommes*,

pour établir la répartition de l'impôt connu en Languedoc sous le nom de *compoix cabaliste*.

On voit que la municipalité n'a pas même cherché à déguiser les rapports intimes qui la lient avec des personnes que l'Assemblée Nationale a privées depuis, de leurs droits de citoyens actifs

---

N°. X I V.

Extrait d'une délibération prise, le mardi 13 juillet 1790, par le corps municipal.

M. Murjas a dit : Messieurs, par votre proclamation du jour d'hier, vous avez invité tous les citoyens de la commune & tous les françois qui sont actuellement en cette ville, à se rendre demain mercredi, à midi précis, sur la place de l'Esplanade, pour y prêter le serment civique & fédératif.

J'ai cru que la prestation du serment qui doit être fait en présence de la municipalité, devoit être précédée de l'expression de nos sentimens. Je remets mon discours sur le bureau, & je le soumets à votre patriotisme & à vos lumières.

M. Razoux a dit : M. Boyer, substitut du procureur de la commune, s'étoit fait une fête & un devoir de requérir la prestation du serment de la commune, & d'exprimer les sentimens qui l'animent, dans un discours qui précède sa requisition. Une indisposition qui lui est survenue met obstacle à ses desirs. Il m'a remis son discours; il vous le soumet également, &, si vous l'approuvez, il se flatte que quelqu'un d'entre vous voudra bien lui prêter son organe.

M. Grelleau, faiſant les fonctions de procureur de la commune, entendu; lecture faite des diſcours de MM. Murjas & Boyer, le corps municipal a déclaré unanimement qu'il ne peut que louer & approuver *le zèle & le patriotiſme* qu'ils renferment, & que *les ſentimens qui y ſont exprimés ſont communs à tous les membres de la municipalité.* Il a en conſéquence prié M. Grelleau, faiſant les fonctions de procureur de la commune, de faire la lecture du diſcours de M. Boyer, en requérant la preſtation du ferment: il a été délibéré que les deux diſcours feront *tranſcrits ſur le regiſtre & imprimés;* il a été déterminé au ſurplus que *tous les officiers municipaux* ſe rendront demain dans la maiſon commune, à onze heures préciſes du matin, pour aller en corps ſur la place de l'Eſplanade, & aſſiſter à l'auguſte cérémonie qui a pour objet la réunion de tous les cœurs & de tous les ſentimens.

Suivent les deux diſcours dont nous avons cité un fragment, & ſont enſuite ſignés MM. Murjas, *Duroure*, *Razoux*, *Pornier*, *Ferrand-Demiſſol*, *Grelleau*, *Pontier*, Lieutier, Laporte & Gas.

On a mis en lettres italiques les noms des ſix officiers municipaux qui tous ont ſigné la délibération *patriotique*, & peu après le mémoire *incendiaire* de M. Boyer.

ı 5ı

N°. XV.

Nota. On se rappellera que les officiers municipaux citent à plusieurs reprises, dans leur mémoire, un verbal sur lequel ils fondent leurs allégations. On verra par l'extrait du verbal ci-dessous, qu'ils se sont refusés à donner connoissance de cette pièce, & qu'il paroît même qu'elle n'existe pas au greffe de la municipalité.

Extrait du verbal.

L'AN 1790, & le treizième jour du mois d'octobre, heure de 8 du matin, pardevant nous Marc-Antoine Darlhac, notaire de Nîmes, soussigné, & en présence des témoins ci-après nommés, s'est présenté dans notre étude sieur Jean Pons, bourgeois, citoyen actif dudit Nîmes, qui nous a dit qu'en vertu de l'article LIX du décret de l'Assemblée Nationale, pour la constitution des municipalités, sanctionné par le Roi, le 18 décembre 1789, il se présenta, le jour d'hier, devers le greffe de la municipalité de Nîmes, pour prendre communication, sans déplacer, des verbaux annoncés comme pièces justificatives, dans une adresse présentée à l'Assemblée Nationale, au nom des officiers municipaux de cette ville, & par eux avouée, suivant une délibération du 3 de ce mois, &c.

Nousdits notaire nous sommes transportés avec lui & les témoins, devers le greffe de la maison commune, où étant, ayant la présence du sieur Berdincq secrétaire-greffier, ledit sieur Pons l'a requis de lui donner communication sans déplacer des verbaux annoncés comme pièces justificatives dans une adresse de la municipalité, ledit sieur Berdincq a persisté à déclarer que lesdits verbaux ne sont pas en son pouvoir ni dans le greffe de la municipalité, & a annoncé prévenir de ladite requifition M. Ferrand-Demiffol, officier municipal, par la voie du fieur Brenel, commis au greffe, & a ledit fieur Berdincq figné. Berdincq, figné. Et à l'inftant ledit fieur Brunel revenu, a rapporté que M. Ferrand-Demiffol l'a chargé de dire audit fieur Berdincq qu'il eût à répondre, qu'il donneroit connoiffance de ladite réquifition au corps municipal, de laquelle réponfe il nous a donné communication; fur quoi ledit fieur Pons a dit que les verbaux dont s'agit n'ont pas pu être fouftraits du greffe fans un abus d'autorité de la part de celui qui a fait la fouftraction, perfiftant dans fa requifition fondée fur l'article 59 ci-devant cité; proteftant en cas de nouveaux refus de fe pourvoir pardevant qui de droit, pour obtenir ladite vifion, & de répéter les frais que le refus fait le jour d'hier, & réitéré cejourd'hui a occafionnés & occafionnera: de tout quoi nousdits notaire avons dreffé le préfent procès-verbal, clôturé & lu dans l'un des bureaux du greffe de la municipalité, en préfence de M. Blanc-Pafcal & M. Louis Mazelet négociant, habitans à Nîmes, fignés avec ledit fieur Pons, & lefdits fieurs Berdincq & Brunel, de ce requis, & nous notaire. Jean Pons, Berdincq, Brunel, Blanc-Pafcal, Louis Mazelet, M. Darlhac, notaire, fignés à l'original. Contrôlé à Nîmes. Reçu 15 fols. Vifa 10 fols. Solier. *figné.* Collationné Me. Darlhac, notaire, *figné.*

Le temps que l'impreffion des pièces juftificatives a pris; nous permet de parler d'un fervice folennel que la garde nationale a fait célébrer aujourd'hui, 20 octobre, fur la place de l'Efplanade, pour les gardes nationales de Metz, Toul & Pont-à-Mouffon, qui ont péri fous les murs de Nanci. Les curés, les ordres religieux, le directoire de département, celui du diftrict, les juges nouvellement élus, le régiment de la Marine, les dragons de

Lorraine, l'état-major de la Place, la maréchaussée, toute la garde nationale & une foule de citoyens y ont assisté. Cette cérémonie, dont l'objet est sublime, est devenue imposante par le silence qui y a régné, par la noble simplicité du service, le recueillement religieux des assistans, & la réunion d'un si grand nombre de citoyens qui annonce l'expression d'un même sentiment.

Par le club des amis de la constitution.

F. AUBRY, Président. BLANC-PASCAL, GERMAIN, CASTANET, NOGUIER le fils, secrétaires.

Nota. Dans le tableau des contributions de la municipalité, sous le N°. II des pièces justificatives, MM. Deleuze & Castinel, notables, ne sont compris pour aucune somme, parce qu'on n'a pu se procurer ni la cote de leurs impositions, ni celle de leurs contributions patriotiques.

A PARIS, DE L'IMPRIMERIE NATIONALE, 1790.

www.ingramcontent.com/pod-product-compliance
Ingram Content Group UK Ltd.
Pitfield, Milton Keynes, MK11 3LW, UK
UKHW020328250726
13967UKWH00004B/1928